아산재단 연구총서 제331집

초 · 중 · 고등학생의 학업소진 진행과정 및 경로분석

이 상 민

집문당

머리말

우리나라의 학생들은 불쌍하다. 학교는 학생들에게 친구와 관계를 형성하고, 학업 목표를 달성하며, 유의미한 타자로부터 긍정적인 피드백을 받는 등의 가치 있는 경험과 다양한 기회를 제공해야 하지만, 우리나라의 학생들은 이러한 경험들을 향유하기에는 시간적·정신적 여유가 없다. 대부분의 초·중·고등학교 학생들은 사회적 요구와 한국 특유의 교육열에 따라 상위권 대학에 진학하기 위해 그 어떤 활동보다 학업에 몰두하고 있으며, 이는 학업스트레스를 유발시키고 있다. 이러한 입시 경쟁 풍토는 초등학교부터 시작하며 학업 성적 향상을 위해 학생들은 다양한 사교육을 받는다. 저자가 학교상담자로 근무했던 미국에선 학생들이 학업보다는 교우 관계나 부모와 관련된 문제에 대해서 주로 상담을 한 반면, 한국 학생들의 경우 학업스트레스에 대한 상담이 주를 이루고 있다. 청소년의 3분의 1 이상이 학업과 관련된 문제로 자살 충동이 든 적이 있다고 보고하고 있는 것을 보면, 우리나라 청소년들의 학업스트레스가 매우 심각한 수준에 이르렀음을 알 수 있다.

본 연구에서는 한국판 학생용 학업소진척도를 개발하여 학생들의 학업스트레스 수준을 정확하게 측정하고자 하였다. 나아가 새로이 개발된 학업소진척도를 사용하여 청소년들이 초·중·고등학교를 거치면서 소진이 어떻게 진행되는지 학업소진 양상과 학업소진의 진행과정과 경로를 파악하여 학생의 학업스트레스 발생경로와 과정에 대한 종합적인 모형을 구축하고자 하였다. 본 연구의 결과가 한국 학생들이 경험하는 학업스트레스에 대한 이해를 돕고, 이에 적절히 개입하기 위한 효과적인 대처 방안들을 모색하는 데 작게나마 기여하기를 기대한다.

마지막으로 본 연구가 가능할 수 있게 연구비를 지원해 준 아산사회복지재단과 본 연구를 수행하는 데 헌신적인 도움을 준 서울사이버대학교에 재직 중인 이자영 교수에게 특별한 감사의 말을 전하고 싶다.

| 차 례 |

제3장 연구 방법

제4장 연구 결과

| 표 차례 |

| 그림 차례 |

제 1 장
서 론

제1장 서 론

청소년기는 아동기에서 성인기로 넘어가면서 자아정체감을 형성하는 중요한 시기임에도 불구하고, 한국의 청소년들은 입시위주의 교육, 학력제일주의 및 사회나 부모로부터 받는 학업 성취에 대한 높은 기대 등으로 인해 중・고등학생뿐 아니라 초등학생까지도 학업에 대한 강한 압력을 받고 있다(한태영, 2005; Haboush, 1991; Lee, 2005; Yang, Kim, Patel & Lee, 2005). 그 결과 한국의 청소년들은 그들이 경험하는 여러 가지 스트레스 중 학업에 대한 스트레스가 가장 큰 것으로 나타났으며(김계현 외, 2000; 이경희・김광웅, 1996; 정현숙・정문자, 1995; 황혜정, 2006), 통계청 보고에 따르면 심지어 청소년의 56.5%가 학업으로 인해 스트레스를 받고 있는 것으로 나타났다(통계청, 2007). 이러한 현상은 일본의 청소년들이 학업보다는 교우관계 때문에 스트레스를 받고(홍광식・岡安孝弘・津田彰, 1994), 미국의 청소년들이 학업보다는 부모, 애정, 금전과 관련된 것 때문에 스트레스를 받는 것(Unger et al, 2001)과는 대조적이다. 또한 학업에 대한 스트레스로 한국의 청소년들은 서양의 청소년보다 학업에 대해 더 부정적인 감정을 갖고 있는 것으로 나타났으며(Diener, Suh, Smith, & Shao, 1995), 대규모 국제비교 연구결과에서도 참가국 중 한국 청소년들의 자각된 유능감 수준이 최저 수준을 기록했다(한국교육과정평가원, 2005). 이처럼 입시위주의 사회적 분위기 속에서 학업을 선택이 아니라 의무로 수행해야 하는 한국의 청소년들은 반복적이고 지속적인 학업스트레스 때문에 자신의 능력을 충분히 발휘하지 못하고 있다. 더욱이 이러한 학업스트레스는 학생들에게 학교에 대한 부정적 인식을 야기하고, 이는 결국 내적 · 외적인 문제 행동, 심리적 부적응, 삶의 질 저하 등을 야기한다(Jessor, 1991; Kasen, Johnson, & Cohen, 1990). 따라서 학업스트레스는 학생들의 다양한 부적응을 야기한다고 할 수 있다. 그러나 최근의 연구에 따르면, 학업스트레스 자체가 부적응을 야기하기보다는 학업으로 인한 소진(이후부터는 학업소진이라고 명명함)이 그 사이에서 중요한 역할을 하는 것으로 보고되고 있다. 즉 학업스트레스가 학업소진을 통해 우울과 같은 심리적 부적응을 일으킨다고 함으로써 학업소진의 중요성을 강조하고 있다(Bakker, Schaufeli, Demerouti, Janssen, Hulst, & Brouwer, 2000; Koeske & Koeseke, 1991).

소진이란 과도한 업무 요구에 의해 에너지, 힘 또는 자원을 만드는데 실패하여 지치고 고갈된 상태로(Freudenberger, 1974), 초기 소진과 관련된 연구들은 주로 인간서비스 계통의 전문직에 종사하는 사람들에게 나타나는 것으로 여겨졌으나 점차 모든 종류의 직무와 관련한 것으로 확장되었다(Maslach & Leiter, 1997; Chambel & Curral, 2005). Pine과 그의 동료들(1981)은 간호사, 상담자, 교육자 그리고 대학생을 으로 소진의 수준을 비교한 결과 대학생의 학업소진이 중간 이상 수준인 것을 통해 학생들 역시 소진현상을 경험한다는 것을 . 이러한 연구를 바탕으로 학업 역시 학생들의 중요한 직 학생들의 학업소진에 대한 연구가 이루어져 왔다(Gan, 2007; McCarthy, Pretty & Catano, 1990; Meier &

Schmeck, 1985). 학업소진은 만성적인 학업스트레스나 과도한 학업으로 인해 나타나는 심리적 증상 즉 학생의 탈진, 학업 과제에 대한 냉소적 태도 그리고 무능감을 말한다(Schaufeli et al., 2002). Schaufeli와 그의 동료들(2002)은 또한 기존에 널리 사용하고 있는 Maslach Burnout Inventory를 학생용(MBI-SS)으로 개발하였으며, 학생용 소진 척도(MBI-SS)는 중국, 스페인, 포르투갈, 네덜란드 등의 대학생들을 대상으로 타당화되었다(Schaufeli et al, 2002; Zhang, Gan, Zhang, 2005). 학생들의 소진이 높은 결석, 학업에 대한 낮은 동기, 학업중단 등을 야기함에도 불구하고(Meier & Schmeck, 1985; Ramist, 1981), 학업스트레스가 상대적으로 높은 국내에서는 아직 학생들의 학업소진에 대한 연구는 이루어지지 않은 실정이다.

청소년으로 비롯되는 학생들은 신체적 · 사회적 · 성적 그리고 지적 변화를 겪는 시기이다(Health and Welfare Canada, 1983). 이러한 신체적, 심리적 변화뿐만 아니라 초등학교에서 중학교로, 중학교에서 고등학교로 넘어가면서 학생들은 상당한 스트레스를 경험한다(Juon, Shin, & Nam, 1995). 즉 이 시기의 학생들은 나이가 증가함에 따라 더 많은 스트레스를 경험하는 것으로 보고되고 있다(Noh, 1996; Won & Lee, 1987). 예를 들어 Kim(2001)에 따르면, 우리나라 고등학생은 중학생에 비해 학업, 또래 관계, 교사 관계 등에서 더 많은 스트레스를 경험하고 있는 것으로 나타났으며, 몇몇 연구자들의 연구에서도 스트레스뿐만 아니라 우울과 같은 부적응적인 심리적 증상도 나이가 증가함에 따라 더 안 좋아지는 것으로 나타났다(Ge et al., 1994; Larson & Ham, 1993; Tepper, Liu, Guo, Zhai, Liu, & Li, 2008).

특히 김아영(2008)은 학교 경험이 많을수록 학생들이 스스로 지각하는 유능감이 떨어진다는(박영신 · 김의철 · 민병기, 2002; 현주 · 차정은 ·

김태은, 2006; Lepper, Corpus, & Iyengar, 2005) 기존 연구 결과에서 한 층 더 나아가 초등학교 때보다 중학생이 되면 유능감이 떨어지지만 고등학교에 가면 동등하거나 다소 높아지며, 학년이 높아짐에 따라 과제수행 자체가 주는 즐거움이 낮아지고, 과도한 스트레스로 무동기와 무기력이 증가함을 보였다. 학업소진에 대한 기존 연구에서도 Salmela-Aro와 그의 동료들은 중학생에서 고등학생으로 가는 시기에, 그리고 박일경 등(2010)은 중학교 1학년보다 중학교 3학년 학생들이 더 많은 학업소진을 경험하는 것으로 나타났다. 이러한 맥락을 고려하면, 학업소진은 나이가 증가함에 따라 차별적으로 나타날 것으로 보이며 청소년 시기의 특성상 이러한 발달 단계를 고려하여 학업소진을 이해하는 것은 중요할 것으로 보인다. 이러한 일련의 결과는 초등학교에서 중학교 그리고 고등학교로 진학하면서 학업에 대한 학생들의 소진이 차별적으로 나타난다는 가능성을 지지하는 것이다. 따라서 본 연구에서는 학생의 소진이 학년이 올라감에 따라 학업소진의 정도가 어떻게 변화하는지 그 과정을 살펴보고자 한다.

한편, 소진에 대한 연구는 그동안 크게 세 가지 모델로 설명되어 왔다. 하나는 요구—통제모형(DCM; Demand-Control Model)으로 업무가 과다한 반면 개인이 업무를 통제할 수 없을 때 소진이 많이 일어난다는 것(박량희 · 유태용, 2007; Karasek, 1979; Vam der Doef & Macs, 1999)이며, 다른 하나는 자원보존모형(COR; Conservation of Resources Model)으로 업무가 과다할 때 사회적 지지와 같은 개인의 자원이 소진을 완화시킨다는 것이다(Halbesleben & Bowler, 2007; Hobfoll, 1989; Hobfoll & Freedy, 1993). 마지막으로 노력—보상 불균형모형(ERIM; Effort-Reward Imbalance Model)은 노력한 것에 비해 보상이 이루어지지 않아 소진이 나타난다는 것이다(조성일, 2005; Siegrist, 1998; Siegrist,

2002). 이러한 소진 모형으로 학생소진을 연구한 것이 많지 않은 가운데, Jacobs와 Dodd(2003)는 부정적인 기질이나 학업이 과다하다고 지각하는 것은 높은 소진을 야기하는 반면, 긍정적인 기질, 특별활동에의 참여, 사회적 지지 특히 친구의 지지는 소진을 예방하는 것으로 나타나 학생소진에 있어 자원보존모형을 지지하였다. 그러나 이는 대학생을 대상으로 한 연구인 동시에 다른 모형(요구-통제모형, 노력-보상 불균형모형)과는 비교하지 않았기 때문에 학생의 소진이 일어나는 상황이나 진행경로를 설명하는 데에는 한계가 있다. 또한, 박성희와 김희화(2008)는 초등학생과 중학생을 대상으로 연구한 결과로 학교성적, 학교수업 및 부모의 압력이 높을수록 스트레스가 증가하며, 학업에 대한 높은 스트레스는 학습된 무력감을 야기하는 것으로 보았다. 학습된 무력감과는 다른 양상으로 불안을 보이는 청소년들도 있다. 높은 수준의 불안을 경험하는 청소년들은 학업을 잘 하고자 하는 의욕이 있다 하더라도 학업에 대한 집중력이 떨어지는(박외숙, 1980; Andrews & Wilding, 2004) 등 학업에 따른 심리적 증상이 다양하게 나타나고 있다. 따라서 나이가 증가함에 따라 학업의 양와 학업에 대한 요구 등이 많아지며, 그 결과 학업소진에 미치는 영향 또한 다를 것으로 보이며, 동시에 학생들의 소진을 심층적으로 이해하기 위해서는 소진을 가장 잘 설명하는 모델이 무엇인지, 연령(초·중·고등학생)별로 차이가 있는지 확인해 볼 필요가 있다.

요약하면 본 연구에서는 먼저 한국 학생들의 특성을 반영한 한국판 학생용 학업소진척도를 개발하고자 한다. 기존의 학생용 학업소진척도는 외국의 대학생을 대상으로 개발 및 타당화되었기 때문에 한국의 초·중·고등학생에 맞는 학업소진척도를 개발할 필요가 있다. 나아가 새로이 개발된 한국판 학업소진척도를 사용하여 청소년들이 초·중·고등학교를 거치면서 소진이 어떻게 진행되는지 그 과정과 경로를 확인하고자 한다.

제 2 장
이론적 배경

제2장 이론적 배경

1. 학업스트레스

'스트레스'라는 용어는 stringere(팽팽하게 하다)라는 라틴어에서 유래된 말로서 Seyle(1974)가 "The stress of life"에서 사용한 이래, 연구자의 관심과 관점에 따라 여러 가지 방식으로 정의되어 왔다. 장현갑과 장성균(1998)은 스트레스란 자신에게 주어진 요구수준과 이 요구를 완성해 낼 수 있는 자신의 능력 간에 어떤 불균형감을 알아차릴 때 일어나는 생리적·심리적 반응을 말하며, 인간과 환경 사이의 상호작용적 관계로 그 관계가 자신의 자원을 요구하거나 자신이 소유한 자원의 양을 초과하거나 안녕을 위협한다고 평가될 때 느끼는 인간의 경험이나 행동이라고 정의하였다(정의숙, 2007). 사회가 급속하게 변화하고 더욱 복잡해져가며 미래를 예측할 수 없는 불확실성이 증가함에 따라 현대인들은 과거 그 어느 때보다 더 많은 스트레스를 경험하면서 살아가고 있다. 이러한 현대사회에서는 성인뿐 아니라 청소년들도 성인 못지않은 스트레스를 경험하게 되어 있으며, 이 스트레스는 청소년들의 신체적·정신적·행동적 부분에 부정적 영향을 미치는 것

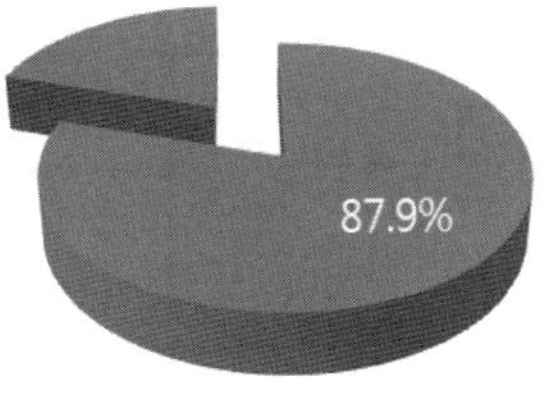

〈그림 2-1〉 초등학생의 사교육 참여 현황

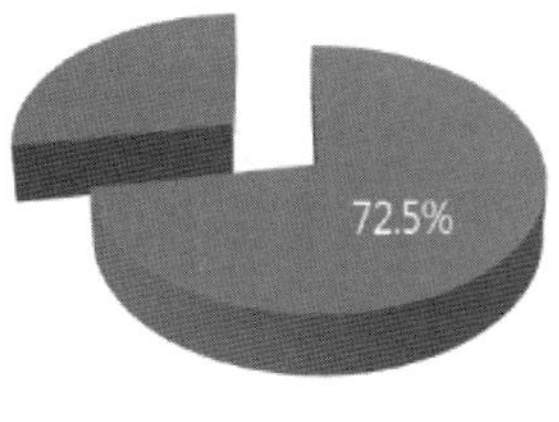

〈그림 2-2〉 중학생의 사교육 참여 현황

으로 나타난다.

특히 청소년기는 신체적 · 정신적 변화가 심하게 일어나는 시기이다. 그러나 우리나라 청소년의 경우 발달과업의 특성에서 오는 문제뿐 아니라 〈그림 2-1〉과 〈그림 2-2〉에서 보는 것과 같이 초등학생의 약 87.9%, 중학생의 72.5%가 사교육에 참여를 할 만큼(통계청, 2010), 부모의 지나친 교육열, 학벌위주의 사회 풍토, 입시위주로 운영되는 파행적인 교육제도와 이로 인한 과잉 경쟁분위기 등으로 인해 스트레스가 성인에 버금간다고 할 수 있다. 이와 같은 특수한 상황하에서 실제로 청소년들이 경험하고 있는 스트레스 중 학업스트레스가 가장 큰 요인이라고 볼 수 있다. 학업스트레스란 학업으로 인해 유발되는 부적응 심리상태, 즉 학생들이 학업으로 인하여 긴장, 근심, 우울, 초조감 등의 심리를 경험하는 정도를 말한다(최승혜, 2008).

청소년의 스트레스에 관하여 조사한 통계 결과들을 살펴보면 〈그림 2-3〉에서 보는 것과 같이, 최근 4년 동안(2005년-2008년) 우리나라 학생들은 40%가 넘는 스트레스 인지율을 보였으며, 여학생이 남학생에 비해, 고등학생이 중학생에 비해 그리고 고등학교 3학년의 스트레스가 더 높은 것으로 나타났다(질병관리본부, 2009). 또한 청소년보호위원회의 2003년 조사결과에 따르면, 매우 또는 대체로 힘들고

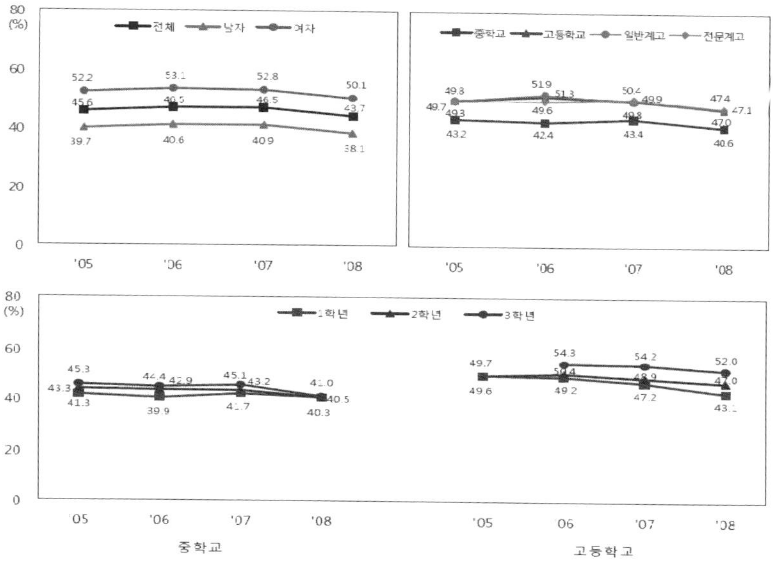

〈그림 2-3〉 스트레스 인지율

짜증나는 스트레스 상황에 대해 고등학생은 78.4%가, 중학생은 76.8%가 학교성적으로 인해서라고 응답하였다(홍상미, 2006).

뿐만 아니라 〈표 2-1〉에서 보는 것과 같이, 2010년 통계청에서 발표한 청소년 통계에 의하면 남녀 상관없이 절반 이상(57.5%)의 청소년들이 가장 고민하는 문제에 대해 '공부'라고 대답하였으며, 특히 이 수치는 2002년, 2006년에 비해 점차 증가하는 것으로 나타났다. 한국보건사회연구원의 2006년 보고를 보면, '아동 및 청소년의 건강수준 및 보건의식 행태'에서 학업문제가 67%로 스트레스 원인 1위로 꼽혔다. 이와 같이 우리 사회에서는 학업스트레스가 청소년 시기에 가장 큰 비중을 차지하는 스트레스 요인임을 알 수 있다. 청소년 통계(통계청, 2009)에 따르면, 청소년의 스트레스 인지율이 중학교와

〈표 2-1〉 청소년들의 고민

	계	외모	신체적·정신적 건강	가정 환경	용돈	공부	직업	친구	이성 교제	학교 폭력	흡연, 음주	인터넷 중독	기타	고민 없음
2002														
15~24세	100.0	19.72		8.9	5.4	39.8	6.9	3.3	7.8	1.9	1.8	4.1	0.1	0.3
남 자	100.0	18.12		8.6	6.0	38.5	8.2	3.1	8.3	2.0	2.0	4.7	0.1	0.4
여 자	100.0	21.12		9.1	4.8	41.0	5.7	3.5	7.5	1.8	1.6	3.6	0.0	0.2
15~19세	100.0	18.42		6.8	5.7	48.9	5.2	3.3	5.5	1.2	1.5	3.1	0.0	0.4
20~24세	100.0	21.02		10.9	5.0	30.8	8.6	3.3	10.2	2.6	2.1	5.2	0.1	0.2
2006														
15~24세	100.0	10.0	4.3	6.0	4.6	35.0	29.6	1.3	2.9	0.0	0.2	0.5	0.4	5.0
남 자	100.0	6.7	3.9	5.3	5.5	38.4	28.0	1.5	2.8	0.1	0.4	0.9	0.6	5.8
여 자	100.0	13.0	4.6	6.7	3.8	32.0	31.0	1.1	2.9	0.0	0.1	0.2	0.3	4.3
15~19세	100.0	11.8	3.2	5.1	5.2	56.5	10.2	1.9	1.4	0.1	0.1	0.7	0.3	3.4
20~24세	100.0	8.1	5.4	6.9	4.0	13.0	49.5	0.8	4.4	0.0	0.3	0.3	0.6	6.7
2008														
15~24세	100.0	12.7	3.5	5.1	5.2	38.5	24.1	2.2	2.8	0.1	0.2	0.4	0.5	4.7
남 자	100.0	9.9	3.7	4.9	5.8	41.4	22.9	2.3	2.7	0.2	0.3	0.7	0.6	4.8
여 자	100.0	15.3	3.2	5.4	4.7	35.9	25.1	2.1	2.9	0.1	0.1	0.1	0.5	4.6
15~19세	100.0	13.1	2.7	4.3	5.4	57.5	9.2	2.4	1.8	0.1	0.1	0.5	0.3	2.6
20~24세	100.0	12.3	4.4	6.1	5.0	16.1	41.6	1.9	4.0	0.1	0.3	0.3	0.8	7.2

자료: 통계청, 2010.

고등학교 각각 43.4%, 49.9%로 나타나 청소년들이 스트레스를 많이 받고 있다는 것을 잘 말해주고 있다. 또 국민건강보험공단이 스트레스로 진료를 받은 환자들을 분석한 결과 10대 청소년의 비율이 2005년에 비해 2008년에 85%가 늘었다고 한다. 10대 환자가 늘어난 이유는 갈수록 경쟁이 치열해지는 교육 환경 속에서 학생들이 학업스트레스에 과도하게 노출되기 때문인 것으로 분석되었다(KBS 뉴스, 2009. 07. 30). 건강보험심사평가원이 제출한 자료에서도 10살부터 19살까지 청소년이 수면제를 처방받은 건수가 2006년에 비해 2008년에 50%나 늘어나 청소년이 학업 등으로 인한 스트레스가 크다는 것을 보여주고 있다(KBS 뉴스, 2009. 10. 21). 이와 관련하여 많은 연구결과에서 스트레스의 원인과 성별, 연령에 따라 조금씩 차이가 있지만, 공부나 성적과 같은 학업문제가 가장 주된 스트레스의 원인으로 나타났다(곽경미, 2007; 오미향, 1993; 이경희, 1995; 정은주, 2000; 황정규, 1990; Lee, 1994). 이와 같은 연구 및 통계 결과는 학업으로 인해 청소년이 받는 스트레스가 심각한 수준임을 보여주고 있다.

청소년이 느끼는 학업스트레스란 학교 공부나 성적으로 인하여 그 일이 너무 힘겹고 하기 싫거나 귀찮다고 생각되어 겪게 되는 정신적 부담과 긴장, 근심, 공포, 우울, 초조함 등과 같은 편하지 못한 심리상태를 말한다(오미향 · 천성문, 1994). 이러한 학업스트레스는 청소년들의 정신적 · 신체적 증상을 유발하며 부정적인 영향을 주는데, 청소년이 학업스트레스를 오랫동안 받게 되면 목과 등의 근육이 뻣뻣해지고 굳어져 성장 호르몬의 분비가 급격하게 감소하게 되어 성장 장애가 유발되기도 하고(권도원, 2001), 사물과 사건을 대하는 기제가 감정적이고 감수성이 예민하기 때문에 우울과 자살을 유발할 수 있는 요인이 되기도 한다(홍영수, 2004). 특히 학업스트레스가 높을수록 자살생각을 많이 하는 것으로 나타났다(이지현, 2008). 또한 인문계 고등학교 학생의 약 1/3이 우울증, 두통, 만성 소화불량, 불면증의 치료를 요하는 수준의 심리적 · 신체적 증상을 경험하고 있으며(이경숙 · 김정호, 2000), 〈그림 2-4〉에서 보는 바와 같이 2008년 청소년정신건강행태온라인조사통계(질병관리본부, 2009)에 따르면, 청소년의 스트레스 인지율은 43.7%, 우울감 경험률 38.8%로 상당히 많은 청소년들이 스트레스와 우울감을 경험할 뿐만 아니라 자살 시도 또한 4.7%로 매우 심각한 수준인 것으로 나타났다. 이는 청소년이 학업문제로 인해 자

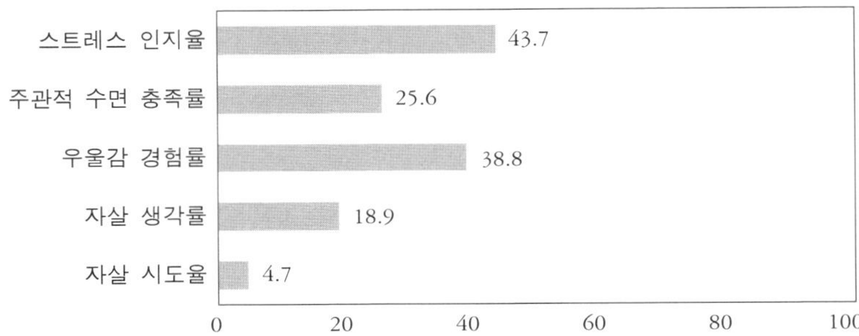

〈그림 2-4〉 청소년 정신보건영역 실태

살 생각이나 자살 충동을 느낄 만큼 심리적 압박감이 크다는 것을 반증하는 결과라고 볼 수 있으며, 이들 중의 많은 숫자가 실제로 자살을 시도하는 결과를 나타냄으로써 문제가 심각한 실정이다(이지현, 2008). 청소년의 사망원인을 조사한 통계청의 조사결과에 따르면 교통사고 23.6%, 자살 22.4%, 암12.8%의 순으로 자살이 2위라는 통계결과가 나왔으며(청소년백서, 2007) 자살 원인에 대한 국가 간 비교(최원기, 2004)에서 우리나라 청소년이 자살하는 이유로는 대입 경쟁으로 인한 공부압력과 가족 내 갈등이 주요 원인인 것으로 나타났다(이영복, 2009). 1986년부터 1996년까지 10년간 종합일간지에 나타난 청소년 자살자 137건의 사례에 대한 동기분석 결과에 의하면 남자 청소년의 61.6%와 여자 청소년의 66.6%가 학업문제로 자살한 것으로 보고되었다(홍상미, 2006). 이상에서 보는 것과 같이 학업스트레스는 우리나라 청소년들이 자살 충동을 느끼는 가장 큰 원인이며 자살 행동과 관계가 깊은 변인임에 틀림이 없다. 따라서 학업스트레스가 심각해지기 전에 이를 예방하는 것은 매우 중요하다.

이러한 맥락에서 최근 관심을 받고 있는 것이 학업소진이다. 학업소진은 우리나라 청소년들이 학업스트레스에 스스로 적극적으로 대처하지 못할 때 나타나는 것으로 신체적으로 지치고 학업에 대해 무능감과 냉담을 느끼는 것을 주 증상으로 한다(이영복 외, 2009; Schaufeli et al., 2002). 최근의 연구 결과들은 학업스트레스가 우울, 자살 등에 직접적으로 영향을 미치는 것이 아니라 학업소진을 통해 나타난다고 한다(Koeske & Koeseke, 1991). 따라서 과도한 학업스트레스를 경험하고 있는 우리나라 청소년의 정신건강 및 학교생활 적응을 위해서는 학업소진을 예방하는 것이 중요하다.

2. 학업소진현상

1) 학업소진의 개념

소진(burnout)이라는 개념은 에너지, 힘 또는 자원에 대한 과도한 요구를 갖게 됨으로써 기력이 소모되고 지치며 고갈되는 상태를 의미한다(Freudenberger, 1974). 이후 Maslach와 Jackson(1981)이 소진을 측정하는 도구인 Maslach Burnout Inventory를 개발하여 소진을 측정 가능한 개념으로 구체화함으로써 소진의 개념이 보다 대중화 될 수 있었으며(Jacobs & Dodd, 2003), 이들은 세 가지 측면의 소진에 대한 증후를 기술함으로써 소진을 구체화하였다. 첫째는 정서적 고갈(emotional exhaustion)로 업무에 대한 과도한 심리·정서적 요구로 인해 에너지의 손실과 함께 좌절과 긴장감을 느끼게 되는 상태를 말하며 두 번째는 비인간화(depersonalization)로 관계로부터 분리되고 정서적으로 무감각해지며 자신이 대하는 동료나 사람들에 대해 둔하고 냉소적인 태도를 보이게 되는 것을 말한다. 마지막으로 개인적 성취감의 저하(diminished personal accomplishment)를 들었는데 이는 그들 자신에 대해 부정적으로 평가하는 경향으로 업무에 대한 자신감이 결여되고 무능감이 증가하는 상태라고 할 수 있다(Yang, 2004). 초기의 소진에 대한 연구는 주로 다른 사람과의 상호작용이 주를 이루는 휴먼서비스 계통에 종사하는 사람들을 대상으로 한정되어 있었으나 MBI-General Survey(MBI-GS; Schaufeli, Leiter, Maslach & Jackson, 1996)가 개발된 이후 사람을 상대로 하지 않는 여타의 업무들도 포괄하여 보다 광범위한 영역에까지 확장되었다(Schaufeli, Martinez, Marques-Pinto, Salanova & Bakker, 2002). 그 결과 사업가(Gryskiewicz & Buttner, 1992), 군인(Leiter, Clark, & Durup, 1994), 경찰(Loo, 2004) 등의 다양한 직업군과 운동, 가족생활 등의 비직업적인 영역에서 많은 연구가 진행되었으며, 최근에는 특히 학업을 자신의 주 업(業)으로 삼고 있는 학생을 대상으로 한 연구들이 많은 주목을 받고 있다(Balogun, Helgemoe, Pellegrini, & Hoeberlein, 1996; Gan, Shang & Zhang, 2007; Gold, Bachelor, & Michael, 1989; Yang, 2004; Neumann, Finaly-Neumann & Reichel, 1990).

학생의 학업소진에 대한 정의를 내리면 학업소진은 학업과정에 있는 학생들이 만성적인 학업스트레스와 과도한 학업량 그리고 다른 심리적 요인에 의해 학업에 대한 심리적 피로와 정서적 고갈 및 냉소를 보일 뿐 아니라 학업에 대한 자신감이나 개인적 성취감이 결여되는 상태를 말한다(Gan, Shang & Zhang, 2007; Schaufeli et al, 2002; Yang, 2004). 본 연구에서는 이 외에 반감을 우리나라 청소년들의 학업소진의 특성으로 증명하였으며, 이러한 학업소진은 〈그림 2-5〉에서 보는

〈그림 2-5〉 학업소진과 학업몰입

것과 같이 학업몰입(활기, 유능감, 흥미, 헌신)과는 대조적인 특징을 띠고 있다. 학생의 학업소진에 관한 연구가 주목을 받으면서, Schaufeli와 그의 동료들(2002)은 기존 MBI(Maslach Burnout Inventory)를 학생용 버전(MBI-Student Survey)으로 개발하여 다양한 문화의 대학생을 대상으로 교차타당도를 증명하였다. 그러나 학업에 대한 스트레스가 대학생에 치중되어 있는 서구사회와 달리 한국에서는 이미 초·중·고등학교에서 지나칠 정도로 성적이나 대학 입시를 강조하기 때문에 초·중·고등학생들이 학업에 대한 스트레스를 과도하게 받고 있다(한태영, 2005; Yang, Kim, Patel & Lee, 2005)는 점을 고려하면, 한국의 청소년에게 맞는 학업소진척도를 개발할 필요가 있다. 특히 학생소진은 학교생활에서 보이는 전반적인 학생들의 행동을 이해하는데 중요한 역할을 할 뿐만 아니라(Neumann et al, 1990) 학업 수행 또한 저하시키기 때문에(Yang, 2004), 한국 청소년들에게 적합한 척도를 개발하는 것은 학생의 소진 양상을 이해하고 이를 예방하는 데 중요한 함의를 가질 것으로 기대된다.

2) 학업소진 관련 연구

소진의 영향을 크게 소진을 유발하는 원인요인과 소진에 의해 발생되는 결과요인으로 나누어 살펴보면, Maslach와 Leiter(1997)는 소진을 야기하는 주된 요인으로 과도한 업무량, 통제력의 상실, 적절한 보상의 부족, 감정을 공유하고 소속감을 느낄만한 집단의 결여, 가치갈등, 공정성의 부족 등을 언급하였다. 학생의 소진 또한 일반소진에 대한 정의에서 크게 벗어나지 않음을 비춰볼 때 위의 요인들을 학생들의 소진요인과 연관 지어 생각해 볼 수 있다.

Pine과 그의 동료들(1981)은 학생들의 소진이 교사, 상담자 그리고 교육자의 소진과 비교했을 때 상위 수준에 있는 것으로 나타났다고 보고하였다. 그 외에 Meier와 Schmeck(1985), Ramist(1981) 역시 학생들의 학업소진은 서비스 종사자들의 소진과 비슷한 양상을 보인다고 하였다. 이러한 연구 결과는 학생들이 소진을 경험하고 있다는 것을 지지해주는 결과이다. 이처럼 학생들에게 학업소진이 나타난다는 것이 밝혀지면서, 많은 연구자들이 학업소진에 관심을 갖게 되었다. 학업소진에 관한 연구들은 대부분 학업소진의 원인을 밝히고자 하는데 초점을 맞추고 있다. 학업소진의 원인은 〈그림 2-6〉에서 보는 것과 같이, 크게 세 부분 즉 인구통계학적 요인, 성격적 요인 그리고 환경적 요인으로 나누어진다.

먼저 학업소진과 관련된 인구통계학적 요인으로는 성별, 경제적 위치(SES), 성적 그리고 과도한 학업 요구 등이 있는 것으로 알려져 있다. 구체적으로 살펴보면, 몇몇 연구에서 남학생보다 여학생에게 소진이 더 많이 일어나는 것으로 나타났다(Kiuru, Aunola, Nurmi, Leskinen, & Salmela-Aro, 2008; Salmela-Aro1, Kiuru, Pietikainen, & Jokela, 2008).

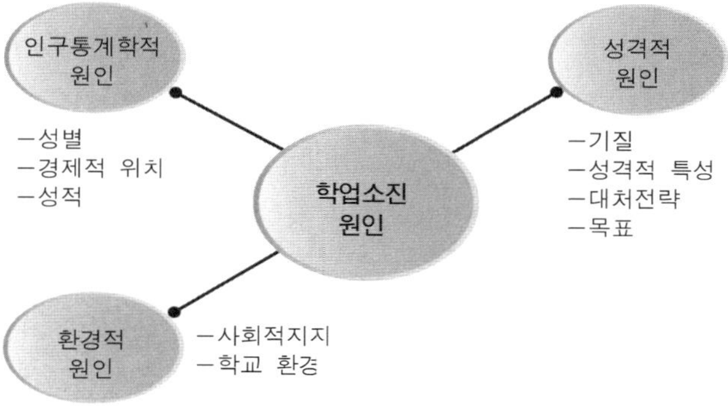

〈그림 2-6〉 학업소진의 원인

또한 저소득 가정의 학생일수록 그렇지 않은 학생보다 소진을 더 많이 경험하는 것으로 나타났으며(Caldas & Bankston, 1997; Toutkoushian & Curtis, 2005), 성적이 높을수록(Salmela-Aro et al., 2008) 소진을 더 많이 경험하는 것으로 나타났다. 그 외에 학업에 대한 과제가 많을수록(workload) 학업소진이 더 많이 야기되는 것으로 나타났다(Jacobs & Dodd, 2003; Kim et. al., 2010).

다음으로 개인의 성격과 관련된 요인으로는 기질, 성격적 특성, 목표, 대처전략 그리고 가외활동에 대한 참여 등이 있는 것으로 보고되었다. 구체적으로 살펴보면, 학업량에 대한 통제력의 상실, 노력에 대한 칭찬이나 관심 등의 보상의 부족, 지지그룹의 부족 및 소속감의 결여, 목적과 수단 사이에서의 학업에 대한 가치갈등들이 학생들의 소진에 영향을 주는 것으로 나타났다. 즉 학업소진에 대한 연구를 살펴보면, 내외통제성(locus of control)과 대처양식의 유연성(coping flexibility)을 언급하였다(Gan, Shang & Zhang, 2007). 이러한 요인들 외에 소진을 설명하는 개인적 요인으로서 자주 언급되는 변인으로 자기효능감

(self-efficacy)을 들 수 있는데(Schaufeli, Enzmann & Girault, 1993) 높은 자기효능감은 낮은 학업소진과 관계가 있다(Yang, 2004). 이러한 개인적 요인과 환경적 요인에 의한 스트레스로 유발된 소진은 어떤 증상을 보인다든지 혹은 다른 변인에 영향을 주게 된다. 소진이 신체적 고갈과 불면증, 약물이나 알코올 복용 등 다양한 개인의 역기능적 요소와 관련이 있으며(Maslach, Jackson & Leiter, 1997) 소진을 경험하는 대학생들은 학업에 대한 낮은 동기와 만족감, 건강악화에 대한 위기감의 증가, 사회관계에서의 갈등, 낮은 효율감을 경험한다고 보고되었다(Crosnoe et al., 2004; Jocobs & Dodd, 2003; Salmela-Aro et al., 2008; Vasalampi, Salmela-Aro, & Nurmi, 2009). 그리고 가외(extracurricular)의 활동의 경우 참여를 하지 않을수록 학업소진이 높은 것으로 나타났다. 또한 국내소진과 개인의 성격특성에 관한 연구들은 거의 부재한 가운데, 박일경과 그녀의 동료들(2010)은 외향성, 성실성 그리고 정서적 안정성이 학업소진과 유의미한 관계가 있는 것으로 보고하였다. 박일경과 그녀의 동료들(2010)은 성격적 통합 모델에 근거한 5요인 성격특성과 청소년들이 경험하고 있는 학업소진과의 관계를 밝혀냄으로써 개인의 성격적 특성이 학업소진에 어떠한 영향을 미치는지를 알아보고자 하였다. 이를 위해 중학생 총 447명을 대상으로 학업소진과 5요인 성격특성을 측정한 후, 다변량다중회귀분석을 실시하였다. 연구 결과, 5요인 성격특성 중 외향성, 성실성, 그리고 정서적 안정성이 학업소진의 하위요인인 탈진, 냉담 그리고 학업 무능감을 유의미하게 예측하는 것으로 나타났다. 특히 학생의 학업소진 중 탈진은 정서적 안정성이, 그리고 냉담과 학업 무능감은 성실성이 가장 잘 설명하는 것으로 나타났다.

그리고 학업소진과 관련된 환경적 요인으로는 사회적 지지, 공정

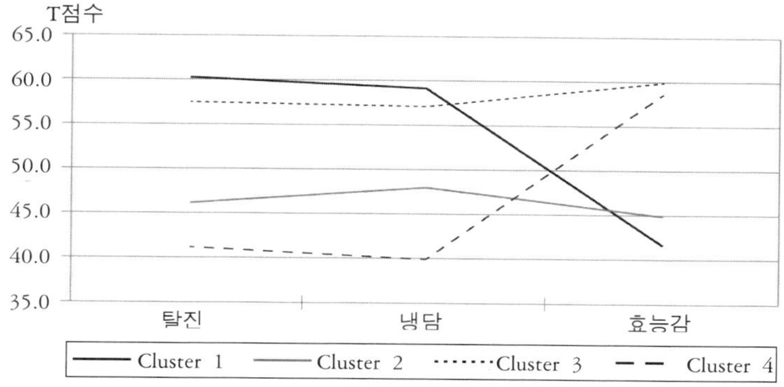

〈그림 2-7〉 학업소진의 유형

성, 학생에 대한 격려, 학교 환경 등을 들 수 있다. 구체적으로 살펴보면, 친구와 같은 사회적 지지가 부족한 학생일수록 학업소진을 많이 경험하는 것으로 나타났다(Aunola, Leskinen, & Nurmi, 2006; Jacobs & Dodd, 2003). 또한 공정성이 부족하거나 학생에 대한 격려가 부족한 환경 역시 학업소진과 밀접한 관련이 있는 것으로 나타났다(Crosnoe et al., 2004). 그 외에 부정적인 학교 환경에 처한 학생일수록 학업소진이 심한 것으로 나타났다(Battisich, Solomon, Watson, & Schaps, 1997; Salmela-Aro, Kiuru, Pietikainen, & Jokela, 2008).

한편, 우리나라 학생을 대상으로 한 학업소진에 대한 연구는 극히 드문 가운데, 우리나라 학생의 학업소진의 유형을 살펴본 연구가 최근 진행되었다. 〈그림 2-7〉에서 보는 것과 같이 Lee와 그녀의 동료들(2010)은 우리나라 중・고등학생을 대상으로 학업소진의 유형을 살펴본 결과, 고통스러워하는 학생들(distressed students), 자유방임주의 학생들(laissez-faire students), 인내심이 강한 학생들(persevering students) 그리고 잘 기능하는 학생들(well-functioning students) 네 가지 유형으로 구분하였다. '고통스러워하는 학생들'(cluster 1)은 탈진과 냉담은 높고 효능감이 낮고, '자유방임주의 학생들'(cluster 2)은 탈진과 냉담이 낮고 효능감도 낮은 것을 특징으로 한다. 또한 '인내심이 강한 학생들'(cluster 3)은 탈진과 냉담은 높지만, 효능감도 높으며, 마지막으로 '잘 기능하는 학생들'(cluster 4)은 탈진과 냉담이 낮고 효능감은 높은 학생들이다(Lee et al., 2010). 이러한 결과는 학업소진이 공부에 대한 자신감이나 성적에 따라 일률적으로 나타나는 것이 아니라 보다 복잡한 현상이라는 것을 의미한다. 따라서 학업소진을 이해하기 위해서는 학업소진에 영향을 미치는 다양한 특성을 알아볼 필요가 있다.

3. 학업소진척도 및 진단연구

1) 소진척도

소진척도(Maslach Burnout Inventory)는 소진을 측정하는 가장 일반화된 도구로 알려져 있다(Masalch et al., 2001). 최초 소진척도(Maslach Burnout Inventory)가 개발될 당시에 소진척도(Maslach Burnout Inventory)는 간호사, 교사, 사회복지사 그리고 상담자와 같은 인간서비스 계통의 종사자를 위해 개발되었다(Chambel & Curral, 2005; Skovholt, 2001). 그리고 그것을 Maslach Burnout Inventory-Human Service (MBI-HSS)로 명명하였다. 소진척도(Maslach Burnout Inventory-Human Service; MBI-HSS)는 감정적 고갈(emotional exhaustion), 비인간화(depersonalization) 그리고 개인 성취감의 저하(the lack of personal accomplishment) 세 개

의 하위요인으로 구성되어 있으며, 문항은 총 22문항이다. MBI-HSS의 신뢰도는 .71－.90이었으며, MBI-HSS의 재검사신뢰도(test-retest reliability)는 .60－.82였다(Maslach & Jackson, 1981). Arthur(1990) 또한 MBI-HSS의 수렴타당도 및 판별타당도를 실시함으로써 MBI-HSS의 타당성을 입증하였다. 그 이후로 MBI-HSS는 일본, 독일, 뉴질랜드, 중국, 영국 등 동서양에 걸친 다양한 나라에서 타당한 척도인 것이 증명되었다(Golembiewski, Scherb, & Boudreau, 1993).

MBI-HSS와 더불어 소진측정(Bunrout Measure, BM)은 Pinde과 Arson이 1981년에 개발한 것으로 소진을 측정하는 도구로 많이 활용되는 척도이다(Enzmann, Schaufeli, Janssen, & Rozeman, 1998). BM척도는 신체적, 정신적 그리고 정서적 고갈을 측정하는 것으로 총 21문항으로 구성되었다(Pines, 2002). 그러나 BM 척도는 MBI-HSS와 몇몇 차이가 있다. 구체적으로 살펴보면, MBI-SS가 소진을 세 가지 하위차원으로 보고 각각의 점수로 소진의 정도를 평가하는 것과는 달리, BM은 소진의 점수를 단일한 점수, 즉 총점으로 소진의 정도를 평가한다. 또한, MBI-SS가 인간서비스 계통 종사자의 소진 정도를 측정하는 것과는 달리 BM은 학생 커플, 부모, 주부 등 다양한 대상의 소진을 측정한다(Pines, 1988; Pines & Aronson, 1988). 그러나 Pine과 Arson과는 달리 대부분의 연구자들(Gryskiewicz & Buttner, 1992; Lee et al., 2007; Maslach & Schaufeli, 1993; Schaufeli et al., 2002)은 직업에 따라 소진을 다르게 측정해야 한다는 것에 지지를 하였다. 그 결과 MBI-HSS가 개발된 이래로 특정 직업들을 위한 다양한 소진 도구들이 개발되었다.

특히, 소진의 개념이 인간서비스 외의 다른 직업들로 확장되면서, 다른 직업들(예: 매니저, 사업가)을 위한 새로운 척도 개발에 대한 필요성이 강하게 지지되었다(Gryskiewicz & Buttner, 1992; Maslach & Schaufeli, 1993). 이러한 맥락하에 Schaufel와 그의 동료들(1996)은 MBI-GS (Maslach Burnout Inventory-General Survey)를 개발하였다. MBI-GS는 MBI-SS와 비슷하게 3개의 차원으로 구성되었다. 그러나 비인간화 대신 냉담(cynicism)으로 대처되었다. 즉 인간서비스 계통의 직업이 아닌 경우 비인간화가 아니라 직업을 향한 무관심한 태도 즉 냉담이 더 적절한 것으로 나타났다(Schaufeli et al., 1996). 몇몇 학자들이 중국, 네덜란드, 독일, 스웨덴 등에서 매니저, 소프트 엔지니어, 대학 스태프 등 다양한 직업의 사람들을 대상으로 연구한 결과, 인간서비스 외의 직업에서 정서적 고갈, 성취감의 저하 그리고 냉담이라는 세 가지 차원이 적합하다는 것을 증명하였다(Leiter & Schaufeli, 1996; Schutte, Toppinen, Kalimo, & Schaufeli, 2000; Taris, Schreurs, & Schaufeli, 1999).

MBI-HSS와 MIB-GS외에 특정 직업을 위한 다양한 소진도구들이 개발되었다. 예를 들면, 이상민과 그의 동료들(2007)은 상담자의 소진을 측정하기 위해 상담자소진척도(Counselor Burnout Inventory; CBI)를 개발하였다. 이는 상담자의 소진정도를 재기 위한 도구로 개발되었다. 최근까지 상담자의 소진을 잴 때 가장 빈번히 사용된 척도는 Maslach Burnout Inventory-Human Services Survey(MBI-HSS; Maslach & Jackson, 1981)였다. MBI-HSS척도가 상담자의 소진을 재는 데 있어 많은 부분 겹치는 경우는 있지만, 이 척도의 경우 상담자만을 대상으로 개발된 척도가 아니기에 그에 대한 한계 역시 논의되어 왔다. 또한 Maslach의 소진척도는 상담이라는 직무환경 내에서의 소진관련 문항들을 측정하지 않았기 때문에 상담자 소진을 정확하게 재는 데에는 제한점이 있었다(Yu, Lee, & Lee, 2007). CBI(Counselor Burnout

Inventory; Lee et al., 2007)는 총 20개의 자기보고식 문항으로 이루어져 있으며 각 문항들은 '전혀 그렇지 않다(1점)'에서 '매우 그렇다(5점)'까지 Likert식 5점 척도로 구성되어 있다. CBI의 문항들은 직무소진의 다양한 수준을 보여주는 감정과 행동 특성을 나타내고 있으며 총 5개의 하위척도로 구성되어 있다. 상담자소진척도(CBI)의 첫 번째 하위척도인 신체적 피로감은 상담자라는 직업으로 인해 발생하는 신체적인 피로감과 탈진정도를 재고 있으며 "상담자라는 직업 때문에 나는 대부분의 시간에 피곤함을 느낀다."와 같은 문항으로 구성되어 있다. 두 번째 하위척도인 무능감은 상담자로서 자신의 능력에 대한 내적인 효능감 정도를 재고 있다. 이 요인을 재기 위한 문항에는 "나는 내가 능력이 없는 상담자로 여겨진다." 등이 있다. 세 번째 하위척도는 비협조적 직무환경 요인으로 상담직무환경에 대한 상담자의 태도와 감정을 평가하는 문항으로 이루어져 있다. 예시 문항으로는 "나는 직장에서 불공정한 대우를 받고 있다" 등을 들 수 있다. 네 번째 하위척도는 내담자 가치저하 요인으로 상담자가 가지는 내담자에 대한 태도와 지각 등을 측정하고 있으며, "나는 내담자와 그들의 문제에 관심이 점점 없어진다."와 같은 문항으로 구성되어 있다. 마지막 하위척도인 사생활 악화는 상담자라는 직업으로 인한 내담자의 개인적인 삶의 영향 정도를 재고 있는데, "나는 상담자로 일하면서 가족에게 소홀해져 간다."와 같은 문항으로 구성되어 있다. Lee와 그의 동료들(2007)은 다섯 개의 하위척도의 신뢰도 계수(Cronbach's α)가 .73에서 .85의 범위에 있다고 보고하였다. 구성타당도의 검증은 탐색적 요인분석(Exploratory factor analysis)과 확인적 요인분석(Confirmatory factor analysis)을 통해 획득되었으며 이와 함께 적합도검증(goodness of fit indexes) 또한 자료에 대해 양호한 것으로 나타났다. Yu(2007)는

Lee와 그의 동료들이 개발한 상담자소진척도의 기존 문항과 요인구조를 그대로 살려 한국어로 번역하는 작업을 한 후 한국 상담자를 대상으로 한국판 상담자소진척도를 타당화하였다. 이러한 CBI의 교차 번역(CBI의 한국어 버전을 다시 영어로 역 번역(back translation))하는 과정에서 한국판 상담자소진척도의 타당성을 높일 수 있었다. Yu(2007)의 연구에 따르면, 5가지 하위척도의 내적일치신뢰도 분석결과 Cronbach의 alpha 계수가 신체적 피로감 .83, 무능감 .85, 비협조적 직무환경 .83, 내담자 가치저하 .81, 사생활 악화 .78로 각각 나타났고 전체문항 alpha계수는 .92였다. 이러한 결과는 한국판 상담자소진척도 역시 기존 CBI와 마찬가지로 강한 내적일치신뢰도를 가지고 있음을 보여주는 것이다. 또한 Yu(2007)는 한국판 상담자소진척도의 타당도를 알아보기 위해 한국판 소진척도의 요인구조역시 이전 CBI와 동일한 5가지 하위요인이 적합한지를 검증하기 위한 요인분석(factor analysis)을 실시하였다. 5요인 모델과 대안적인 모델로서 1요인 모델의 모형 적합도(goodness of fit)를 비교 분석한 결과 기존의 CBI와 같이 5요인구조가 더욱 나은 모형 적합도를 나타냄을 확인하였다(Chi/df =2.024; CFI: .922; RMSR: .044).

그 외에 Jones(1980)가 스태프들을 위해 만든 Staff Burnout Scale(SBS)이 있으며, 이는 총 30문항으로 인지, 정서, 행동 그리고 정신병리적인 내용으로 구성되어 있다. 또한 교사를 위한 소진척도로 Teacher Attitude Scale(TAS; Farber, 1984)이 있다.

2) 학업소진척도

Schaufeli와 그의 동료들(2002)이 학생을 대상으로 개발한 학업소진척도(Maslach Burnout Inventory-Student Survey; MBI-SS)가 가장 널리 사용되고 있는 학업소진척도이다. Scahufeli 등(2002)이 개발한 학업소진척도(MBI-SS)는 1996년 Schaufeli와 그의 동료들이 일반인의 소진을 측정하기 위해 개발한 MBI-GS(Maslach Burnout Inventory-General Survey; MBI-GS)를 학생에 맞게 수정한 것으로 탈진(exhaustion), 냉담(cynicism) 그리고 효능감(efficacy) 세 개의 하위요인으로 구성되어 있다. 구체적으로 탈진은 '나는 공부 때문에 심정적으로 너무 고갈된 느낌이다', 냉담에는 '나는 공부에 대한 열정이 식는 것 같다', 개인적 효능감으로는 '나는 학업 목표를 성취할 때 활력이 생긴다' 등의 문항이 포함된다. Schaufeli 등(2002)이 보고한 신뢰도는 탈진이 .85, 냉담이 .78 그리고 효능감이 .73으로 나타났다.

Schaufeli 등(2002)이 개발한 학업소진척도(MBI-SS)는 이후 독일, 스페인, 중국 등을 대상으로 타당화되었다(Hu & Schaufeli, 2009; Gan et al., 2007; Schaufeli et al., 2002; Zhang, Gan, Zhang, 2005). 스페인, 포르투갈, 네덜란드와 같은 유럽의 국가들에서도 역시 탈진, 냉담 그리고 효능감의 3요인 구조가 지지되었다. 그러나 효능감의 요인부하량을 제외한 나머지 요인에서는 요인부하량의 불변성이 지지되지는 않은 것으로 나타났다(Schaufeli et al., 2002). 아시아 나라를 대표하는 중국의 학생을 대상으로 한 타당화 연구 결과에서도 역시 3요인 구조는 적절한 것으로 나타났다(Hu & Scahufeli, 2009; Zhang, Gan, Zhang, 2005). 그러나 Hu와 Scahufeli(2009)는 MBI-SS의 신뢰도가 다른 나라에 비해 상대적으로 낮은 것으로 보고하였으며, 또한 탈진 문항 중 2개 문항은 문화적 배경의 차이로 인해 문제가 있는 것으로 보고하였다. 따라서 중국과 같은 아시아 국가인 우리나라의 경우에도 문화적 차이가 있을 것으로 보이며, 특히 학업에 대한 스트레스 및 학업

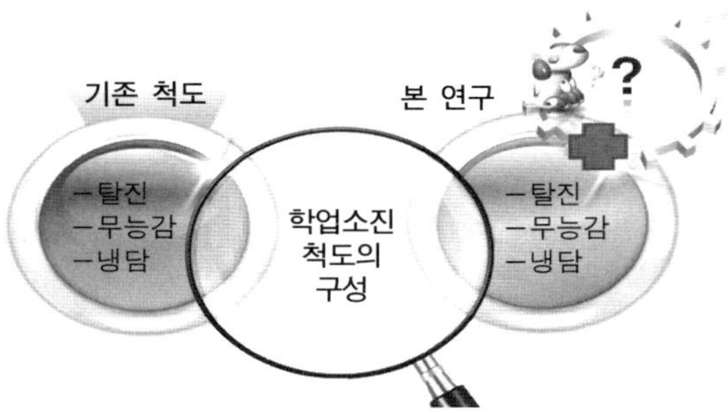

〈그림 2-8〉 학업소진척도의 구성

이 중요한 우리나라에서는 이러한 문화적 특성을 반영한 척도를 개발하여 이를 타당화할 필요가 있다.

3) 한국문화를 반영한 척도 개발

Schaufeli와 그의 동료들(2002)이 Maslach Burnout Inventory의 학생 버전을 개발하고, Gan과 그의 동료(2007)들이 이 학생소진척도의 몇몇 문화(Spain, Netherlands 등) 간 교차타당성을 입증하였다. 그러나 학생소진과 관련되어 외국에서 개발된 MBI-SS의 척도를 그대로 썼을 때는 여러 가지 문제가 발생할 수 있는데, 외국에서 개발된 척도를 번안하여 사용하는 과정에서 번역에 있어 문항의 신뢰도와 타당도를 떨어뜨리는 오류가 발생할 수 있는 것도 그 중에 하나이다. 또한, 어떤 도구를 다른 문화의 언어로 번역할 때는 번역의 오류와 함께 문화의 차이에서 발생하는 고유의 문제도 존재한다(이자영 외, 2008; Chen, Snyder, & Krichbaum, 2002; Van de Vijver & Hambleton, 1996; Van Kuyk-Minis & Liu, 1998). 언어는 문화적으로 고정되어 있어서(Russell, 1991) 어떤 특정 단어는 다른 언어에서는 존재하지 않을 수도 있으며, 또한 어떤 것을 측정하기 위해 만들어진 도구의 구인(construct)의 의미가 다른 문화를 거치며 달라질 수도 있는 것이다(이자영 외, 2008; Lee et al., 2008).

예를 들면, Nho(1999)는 뉴욕에 있는 한국계 미국인과 한국인 성인 이주자의 심리적 안녕감(psychological well-being)을 비교하는 연구를 진행하였는데, 이 연구에서 Rosenberg의 자아존중감척도의 영어와 한국어로 된 척도 모두를 사용하여 비교 연구하였다. 이 연구의 결과를 보면 영어와 한국어 척도, 그리고 미국 태생과 한국 태생의 집단을 비교하여 평균값의 차이를 본 분석에서 두 경우 모두 통계적으로 유의미한 차이를 보였다. 또한 이 연구의 결과 중 흥미로운 것은 한국어로 된 척도의 경우 신뢰도계수(Cronbach' α)가 .78이었던 데 반해 영어로 된 척도는 .88이었는데 이렇게 한국어로 된 자아존중감 척도의 신뢰도계수가 낮은 것이 혹 번역과정의 오류에서 발생하는 문제가 아닐지에 대해 그 가능성을 확인해볼 필요가 있다. 위의 경우, 번역의 문제와 더불어 고려해봐야 할 변인 중 하나가 문화로 인한 차이이다(Lee et al., 2008). 이자영과 그의 동료들(2008)은 Rosenberg 자아존중감 척도에 대한 문항수준 타당도에 대하여 초·중·고·대학생 총 3,498명을 대상으로 이 척도가 단일구인을 측정하고 있는가와, 문항들 중 자아존중감 척도의 신뢰도와 타당도를 위협하는 문항이 없는가를 연구했다. 그 결과 Rosenberg의 자아존중감 척도 8번 문항은 번역에 문제가 있는 것으로 보이며, 특히 자아존중감 척도 전체의 신뢰도를 떨어뜨리는 것으로 나타났으며, 8번 문항을 제외하면 자아존중감 척도는 단일요인인 것으로 나타났다. 8번 문항의 경우, 영어에서 가정법을 사용한 문항인데, 이 문항을 직역해서 번역할 경우 한국인들은 그 뜻을 다르게 이해하고 있음을 밝혀냈다. 이 같은 결과는 이질적인 문화의 척도를 가져올 때 특히 번역에 주의해야 할 필요가 있음을 잘 보여준다.

또한, 정서표현성 척도를 사용함에 있어서도 세심한 주의가 필요한데, 한국인의 정서 이해를 위한 시론(조긍호, 1997)에서 개관하고 있는 것처럼 우리나라 사람들은 정서표현을 억제하는 경향이 강한데 동정이나 공감 같은 타인중심적 정서표현은 권장되지만, 자부심이나 분노 같은 자기중심적 정서표현은 적극적으로 억제된다고 보았다. 그러므로 외국의 척도와는 다른 구성요소를 지닐 가능성이 있기 때문에 외국에서 개발된 정서표현성 척도를 국내에 적용하고자 할 경우 단어선택 및 번안의 고려가 필요하고 연구자의 연구 목적과 상황에 적절한 정서단어로 평가할 필요가 있는 것이다(이자영 외, 2008). 이와 같은 필요에 의해 홍창희(2007)는 한국 정서표현성 척도의 개발 및 타당화 연구를 통해 한국형 정서표현성 척도를 개발하였다.

최인재(2006)는 서구의 개인주의 문화에 근거하여 개발된 기존의 부모－자녀관계 척도들이 부모－자녀관계를 단순히 돌봄과 통제라는 차원에서 다루어 왔고, 우리나라의 자녀가 부모에게 느끼는 측은감, 죄송스러움, 고마움, 효의식 등과 같은 문화 특수적인 측면은 제대로 담아내지 못하고 있다고 보고, 한국형 부모－자녀관계 척도 개발 및 타당화에 대한 연구를 통해 한국의 부모－자녀관계의 사회·문화적 특성을 측정할 수 있는 한국형 부모－자녀관계 척도를 개발하였다. 이와 비슷한 맥락에서 김은정, 이세용, 오승근(2003)은 인터넷의 과도한 사용으로 인해 학업적·직업적·사회적 문제를 일으키는 인터넷 중독이라는 심리적 장애에 대한 외국의 연구가 성인에만 집중되어 있고 청소년에 대한 연구가 부족한 것을 보고 인터넷의 보급률이 가장 높고, 청소년의 학업에 대한 스트레스가 높은 우리나라의 사회·문화적 상황에 맞는 한국형 청소년 인터넷 중독 척도를 개발하였다. 그 후 5년이 경과한 뒤 김동일(2008)이 인터넷 중독으로 가는 경로나 그 증상, 결과 등에 있어서 다양한 변화가 생기는 등 상황과 환경이 변화함에 따라 기존에 개발된 인터넷 중독 자가진단 척도를 현재 상황에 맞게 고도화하였다.

위에서 살펴본 바와 같이 외국에서 개발된 척도를 그대로 번안하여 사용하는 과정에서는 번역의 오류와 함께 사회적 상황이나 문화의 차이에서 발생하는 여러 가지 고유한 문제가 존재한다. 즉, 학교의 상황이나 사회·문화적인 풍토, 정서 등이 우리나라와 아시아 국가가 다르고, 동서양이 다르며, 도구를 담아내는 언어 또한 각 문화마다 고유한 특성이 있기 때문에 한국형 청소년의 학업소진척도의 개발 및 타당화에 대한 연구가 필요한 것이다. 이와 같은 맥락에서 본 논문에서는 한국의 사회·문화적인 상황과 언어의 고유한 특성을 반영한 한국형 청소년의 학업소진척도 개발에 관한 연구를 하려고 한다.

4. 소진의 과정

소진은 점차적으로 진행되는 연속된 개념으로 보기 때문에 소진의 과정을 이해하는 것은 소진이 심각해지기 전에 개입할 수 있어서 매우 효과적이다(Cherniss, 1980; Corey & Corey, 2002). 소진의 과정에 대해 많은 학자들이 다양하게 이야기하고 있는 가운데, Edelwich와 Brodsky(1980)는 〈그림 2-9〉에서 보는 것과 같이, 처음에는 자신의

〈그림 2-9〉 학업소진의 단계

직무에 에너지를 가지고 열성을 다하지만(열성단계), 시간이 지나면서 더 이상 재미가 없어질 뿐만 아니라(침체단계), 좌절을 경험하면서(좌절단계) 결국에는 더 이상 자신의 직무에 관심이 없어지게 된다(무관심단계)는 단계모형을 주장하였다. 또한 Maslach(1982)은 소진의 과정을 MBI(Maslach Burnout Inventory)의 3가지 차원 즉 정서적 고갈, 비인격화 그리고 자아성취감이 순차적으로 진행된다고 보았다. 그러나 이러한 Maslach(1982)의 주장은 소진의 과정을 벗어나거나 급진적으로 진행하는 소진현상을 설명하지 못하였다. 이에 대한 대안으로 Golembiewski와 Munzenrider(1988)는 유발요인으로 선행변수가 전제하에 소진의 과정을 비인격화—자아성취감 저하—정서적 고갈 순으로 진행된다고 하였다.

그러나 이 역시 시간적 발달 순서를 절대적으로 반영하지 못한다는 비판하에 Leiter(1989)는 Maslach의 정서적 고갈—비인격화—자아성취감 저하의 중요한 관련성과 정서적 고갈을 유발하는 환경적 요인을 강조하면서 소진 과정이 환경적 요인—정서적 고갈—비인격화와 자기성취감 저하의 순으로 진행된다고 하였다. 즉, '과중한 일', '반복적 일상' '대인관계 갈등'과 같은 환경적 유발 요인으로 인해 '정서적 고갈'을 경험하게 되고 이러한 경험으로 인해 '비인격화'와 '자기성취감 저하'가 나타나게 된다는 것이다(윤은주, 2007).

이상의 연구들은 모두 직장인을 대상으로 한 연구로 학생의 소진과정을 설명한 연구는 아직 진행되지 않았다. 또한 상담자, 교사, 경찰 등 다양한 대상을 통해 진행된 연구에서 소진은 초기에는 단일한 개념으로 간주되었으나(Farber, 1998; Schaufeli & Van Dierendonck, 1995) 최근에는 연속된 개념일 뿐 아니라 다차원적인 개념으로 설명되고 있기 때문에(Demerouti, Verbeke & Bakker, 2005; Lee et al., 2007; Loo, R., 2004; Roelofs, Verbraak, Keijsers, De Bruin, & Schmidt, 2004; Yu, Lee, & Nesbit, 2008), 학생들 또한 극도의 소진에 이르기까지의 과정이 존재할 것으로 보인다. 특히 김아영(2008)은 초등학교 때보다 중학교가 되면 유능감이 떨어지지만 고등학교에 가면 동등하거나 다소 높아지며, 학년이 높아짐에 따라 과제수행 자체가 주는 즐거움이 낮아지고, 과도한 스트레스로 무동기와 무기력이 증가한다고 보고함으로써 연령에 따라 학업에 대한 소진이 차별적으로 나타날 가능성을 지지하였다. 따라서 본 연구에서는 학생의 소진이 연령이 증가함에 따라 어떻게 진행되는지 그 진행경로와 과정을 살펴보고자 한다.

1) Leiter와 Maslach(1988)의 모델

소진의 과정을 설명하는 모델 중에 가장 대표적인 모델은 Leiter와 Maslach(1988)의 모델이다. Leiter와 Maslach(1988, 1997)의 모델에 따르면, 소진의 과정은 MBI(Maslach Burnout Inventory)의 3가지 차원이 순차적으로 진행되는 연속적인 특성을 지니고 있다. 즉, 높은 수준의 정서적 고갈은 높은 비인간화를 유발시키며, 그 결과 개인적 성

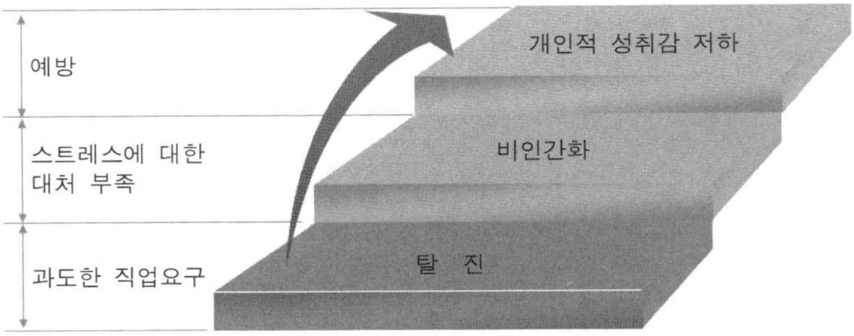

〈그림 2-10〉 Leiter와 Maslach(1988)의 모델의 발달 단계

취감이 저하되는 과정을 거친다는 것이다. 구체적으로 설명하면, 만성적으로 직무 요구가 높을 경우 개인들은 자신의 스트레스(높은 직무요구) 때문에 정서적으로 지치는 탈진(emotional exhaustion)을 경험한다. 그 결과 탈진된 개인들은 자신의 스트레스에 대처하기 위한 하나의 방식으로 다른 사람들에게 냉소적인 태도를 발전시킴으로써 공감을 어려워하고, 심리적으로 자기 자신을 다른 사람에게서 철수시킨다(depersonalization). 이러한 비인간화(또는 냉담)는 자신의 일과 관련된 개인의 죄책감과 좌절을 줄이기 위한 시도로 간주된다(Cherniss, 1980). 그리고 이러한 비인간화는 자기 자신의 효능감이나 일에서의 성취감을 악화시키고 감소시킨다(Maslach & Leiter, 1997). 이것을 그림으로 표현하면, 〈그림 2-10〉과 같다.

2) Golembiewski et al.(1986)의 모델

Leiter와 Maslach(1988)의 모델은 소진의 과정을 벗어나거나 급진적으로 진행되는 소진현상을 설명하지 못하였기 때문에, Golembiewski

〈표 2-2〉 Golembiewski et al.(1986)의 소진 단계

	1단계	2단계	3단계	4단계	5단계	6단계	7단계	8단계
비인간화 (냉담)	저	고	저	고	저	고	저	고
성취감 부족 (무능감)	저	저	고	고	저	저	고	고
정서적 탈진	저	고	저	저	고	고	고	고

et al.(1986)은 이에 대한 대안으로 소진의 단계 모델을 제시하였다.

즉 〈표 2-2〉에서처럼, MBI 3가지 하위개념에 따라 높고 낮음의 두 가지 차원으로 구분하여 8단계로 소진의 발달과정을 설명하고 있다. 예를 들면, 가장 소진이 없는 단계인 1단계는 비인간화(냉담), 개인적 성취감 저하(무능감), 그리고 탈진의 수준이 모두 낮았으며, 마지막 단계인 8단계는 비인간화(냉담), 개인적 성취감 저하(무능감), 그리고 탈진의 수준이 모두 높은 단계를 말하였다. 이를 순차적인 모델로 다시 정리하면, 사랑했던 사람의 갑작스러운 죽음과 같은 급진적인 소진을 경험하는 사람은 먼저 높은 수준의 정서적 고갈을 경험한 후 소진이 세 가지 하위요인이 모두 소진된 8단계로 이동이 되곤 한다(1단계에서 5단계나 8단계로 이동). 그러나 이와는 달리, 만성적인 소진을 경험하는 사람은 먼저 비인간화가 증가하고 개인적 성취감이 저하를 통해 정서적 고갈에 이르게 된다고 보았다(1단계→2단계→4단계→8단계). 그러므로 Leiter와 Maslach(1988)의 모델에서는 소진의 초기에 정서적인 고갈이 증가했던 반면에 Golembiewski et al.(1986)의 모델에서는 소진의 마지막 단계에 정서적 고갈이 나타난다. 이를 정리하면 〈그림 2-11〉과 같다.

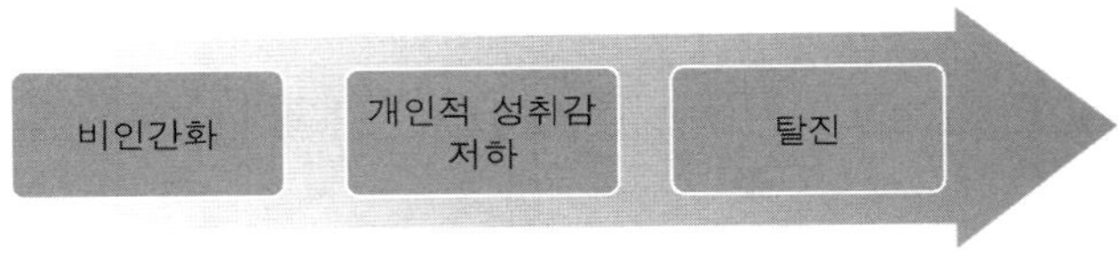

〈그림 2-11〉 Golembiewski et al.(1986)의 모델

3) Lee와 Ashforth(1993)의 모델

한편 Lee와 Ashforth(1993)의 모델은 Leiter와 Maslach(1988)의 모델을 적용한 것으로 비인간화가 개인의 성취감 저하에 영향을 주는 것이 아니라 정서적 고갈이 개인의 성취감의 저하에 직접적으로 영향을 준다고 하였다. 그러나 이러한 대표적인 소진과정의 이론을 종단적으로 연구한 선행 연구들에서는 기존의 소진과정 모델을 입증하지 못했다(Bakker et al, 2000; Savicki, 1994; Toppinen-Tanner et al, 2002). 오히려 정서적 고갈이 낮은 비인간화를 불러일으키며, 높은 개인적 성취감이 낮은 정서적 고갈과 관련되고, 개인적 성취가 낮은 비인간화와 연관되며, 높은 개인적 성취감이 높은 정서적 고갈과 연관되는 등 기존의 소진의 과정 모델과는 상반된 결과들이 나타났다(Lee & Ashforth, 1993; Leiter, 1990; Leiter & Durup, 1996; McManus et al, 2002). 반면, 최근 소진의 인과적 관계를 연구한 종단연구에서 Taris et al(2005)은 높은 수준의 정서적 고갈이 높은 수준의 비인간화와 연관되며 그 후 개인적인 성취를 저하시킨다고 하였고, 더불어 정서적 고갈은 개인적인 성취를 저하시킨다는 결과를 제시하면서 Leiter와 Maslach(1988)의 모델을 부분적으로 증명하였으며, Leiter와 Maslach(1988)의 모델과 Lee와 Ashforth 모델의 통합모형을 제시하였다. 그

러나 이러한 연구들은 모두 직장인을 대상으로 한 연구로 학생의 소진이나 교사 소진 과정을 설명한 연구는 아직 진행되지 않았다. 상담자, 교사, 경찰 등 다양한 대상으로 진행된 연구에서 소진의 개념은 연속된 개념일 뿐 아니라 다차원적인 개념으로 설명되고 있기 때문에(Lee et al., 2007; Yu, Lee, & Lee, 2007; Yu, Lee, & Nesbit, 2008), 학생들 또한 극도의 소진에 이르기까지의 과정이 존재할 것으로 보인다.

4) 연령에 따른 학생의 특징

성장하는 과정을 통해 학생들은 신체적 · 인지적 · 심리적으로 상당한 변화를 경험한다(Eccles et al., 1993). 대부분의 학생들은 갑작스러운 커다란 변화 때문에 상당한 스트레스를 겪을 수밖에 없는 것으로 보고되고 있다(Goldstein, Davis-Keen, 2005; Juon, Shin, & Nam, 1995). 게다가 학생들은 초등학교에서 중학교, 중학교에서 고등학교로 학교를 이동하는 환경적 변화를 겪어야 한다(Kivinen, Ahola, & Hedman, 2001; Seidman, Allen, Aber, Mitchell, & Feinman, 1994). 구체적으로, 중학교나 고등학교는 초등학교나 중학교와 비교했을 때 학습 환경이 더 복잡하다(Eccles et al., 1993; Elias, Gara, & Ubriaco, 1985). 예를 들면, 초등학교 학생들은 한 반에서 한 명의 담임 교사와 주로 생활을 하지만, 중학교나 고등학교는 매 수업시간마다 다른 교사를 만난다. 게다가 학업요구, 학업기대 그리고 경쟁 또한 증가하는 등 입시에 대한 부담이 점점 더해간다(Alspaugh & Harting, 1995; Eccles & Midgley, 1989; Murray & Greenberg, 2000). 뿐만 아니라 몇몇 연구자들(Eccles & Midgley, 1989; Simmons & Blyth, 1987)은 학교 현장에서 교사 및 친구의 지지가 나이가 증가함에 따라 오히려 감소한다는 결과를 보고하였다. 이처럼 나이가 증가함에 따라 학습 환경이 복잡해지는 것은 학생들의 스트레스 및 부적응 문제를 야기하게 된다(Eccles et al., 1993; Maehr & Fyans, 1989; Murdock, Anderman, & Hodge, 2000; Roeser & Eccles, 1998).

우리나라 학생들 또한 나이가 증가함에 따라 더 많은 스트레스를 경험하고 있는 것으로 나타났다(Noh, 1996; Won & Lee, 1987). 한국청소년정책연구원(2009)에 따르면, 중학생의 삶의 만족도는 낮아지는 것으로 나타났다. 특히 우리나라 학생들의 경우 나이가 증가함에 따라 학업스트레스가 증가하는 것으로 나타났다. 즉 초등학교 고학년의 학생들은 저학년의 학생들보다 학업스트레스를 더 많이 경험하는 것으로 나타났으며(Chon, 1994; Hwang, 1997; Park & Kim 2008), 고등학생들 또한 중학생에 비해 더 많은 학업스트레스를 겪고 있는 것으로 나타났다(Kim, 2001). 이러한 것을 고려하면, 우리나라 학생들은 나이가 증가함에 따라 스트레스, 부적응, 심리적 어려움과 같은 다양한 증상을 경험하고 있는 것으로 보이며, 결과적으로 학업소진 또한 나이에 따라 변화할 것으로 예측할 수 있다.

5) 연령에 따른 학생의 학업소진 변화

Samela-Aro와 그의 동료들(2008)은 중학교(comprehensive school)에서 일반계 고등학교(high school)나 직업학교(vocational school)로 가는 과정에서 학업소진(Samela-Aro 등은 school 소진이라고 표현함)의 변화를 조사하였다. 그 결과 중학교에서 일반계 고등학교로 가는 학생들이 직업학교를 가는 학생들보다 더 탈진이 높은 것으로 나타났으며, 냉담과 부적절감(inadequacy)의 수준 또한 시간이 지나면서 증가하는 것으로 나타났다. 그러나 직업학교만을 살펴보았을 때에도, 중학교에서 직업학교로 가는 학생들의 경우 학교에서의 부적절감이 감소하는 것으로 나타났으나, 냉담은 증가하는 것으로 나타났다. 국내에서는 나이에 따른 학업소진에 대한 연구가 거의 진행되지 않은 가운데, 박일경 등(2010)은 중학교 3학년이 중학교 1학년에 비해 학업소진이 더 컸으며, 특히 무능감과 탈진이 더 높다고 보고하였다. 또한 학업소진은 아니지만, 김아영(2008) 역시 초등학교 때보다 중학교 때 유능감이 떨어지지만 고등학교에 가면 동등하거나 다소 높아지며, 학년이 높아짐에 따라 과제수행 자체가 주는 즐거움이 낮아지고, 과도한 스트레스로 무동기와 무기력이 증가한다고 보고함으로써 연령에 따라 학업에 대한 소진이 차별적으로 나타날 가능성을 지지하였다. 따라서 본 연구에서는 학생의 소진이 나이가 증가하면서(학년이 올라가게 되면서) 어떻게 진행되는지 소진의 발달 과정을 살펴보고자 한다.

5. 소진의 모형

소진은 Freudenberger(1974)가 처음 소진이라는 용어를 사용한 이래로 주로 요구-통제모형(DCM; Demand-Control Model), 자원보존모형(COR; Conservation of Resources Model), 그리고 노력-보상 불균형 모형(ERIM; Effort-Reward Imbalance Model) 세 가지 모형으로 설명되어 왔다. 요구-통제모형은 직무수행과정에서 직무에 대한 요구수준이 과다한 반면, 개인이 직무를 통제할 수 없다고 지각될 때 소진이 일어난다는 것이다(박량희 · 유태용, 2007; 박상언 · 하수정, 2006; Karasek,

1979; Vam der Doef & Macs, 1999). 즉 요구–통제모형에 따르면, 많은 양의 직무에 대처해 나갈 수 있는 적절한 통제력이 제공되지 않을 경우 과도한 소진이 야기되는 반면, 적절한 통제력은 소진을 완충시킴으로써 적극적으로 직무에 임할 수 있게 된다(박상언 · 김주엽 · 김민용, 2006). 그러나 Hobfoll(1988)은 직무통제 외에도 직무 요구에 대처하는 다양한 자원이 있다는 점을 지적하면서 스트레스와 소진 사이에서 자원의 중요성을 강조하였다. 즉 활용할 수 있는 기술, 사회적 지지, 전문성 등과 같은 자원이 손상되거나 위협을 받으면 소진과 같은 부적절한 결과를 야기하게 된다는 것이다(강동묵 외, 2005; Brotheridge & Lee, 2002; Halbesleben & Bowler, 2007; Halbersleben & Buckley, 2004; Hobfoll, 1989; Hobfoll & Freedy, 1993). 그리고 최근 주목받는 모형은 노력–보상 불균형모형(ERIM)으로 노력이 많은 데 비해 보상이 적을 때 소진과 같은 심리적 증상이 나타난다는 것이다. 이는 사회보상이론에 근거하여 개인이 한 노력에 비해 자기 존중이나 인정 그리고 성적 등을 받지 못한다고 지각할 때 소진이 나타난다고 한다(조성일, 2005; Li, 2005; Siegrist, 1998; Siegrist, 2002). 따라서 본 연구에서는 기존에 소진을 설명하는 세 가지 주요 모델 중 자원보존모형을 제외한 요구통제모형과 노력보상불균형모형이 소진을 어떻게 설명하고 있는지를 파악함으로써, 소진이 일어나는 과정을 살펴보고자 한다.

1) DCM 모형

Karasek의 요구–통제모형은 직무 스트레스와 관련된 여러 가지 모형 중 가장 큰 영향력을 행사하고 있는 것으로, 직무통제력(Job decision latitude, control)과 직무요구(job demand)라는 핵심개념으로 이루어져 있다. 직무통제력(Job decision latitude, control)은 노동자가 일에 대한 결정권(decision authority)을 갖고, 직무에 대한 기술개발과 창의력을 요구, 촉진하는지를 측정하는 기술재량권(skill discretion)으로 이루어져 있다(Karasek &Theorell, 1990). 또한, 직무요구는 정신적인 직무의 요구를 측정하는 것으로 업무와 관련된 요구와 함께, 시간에 따라 달성해야 하는 업무의 양을 의미한다(강동묵 등 2005). 이 모형은 직무수행과정에서 느끼게 되는 여러 가지 부정적인 결과들은 직무요구와 직무통제의 두 가지 요인들에 의해 일어나는데, 이것은 두 가지 가설을 가정한다. 하나는 주효과(main effect)가정이고 다른 하나는 조절효과(moderating effect)이다. 먼저 전자인 주효과 가정은 직무요구가 높을수록, 직무통제수준이 낮을수록 직무담당자가 느끼는 직무긴장 등의 심리적인 부정적인 결과들은 더욱 증대될 것이라는 것이다(박상언 · 한수정, 2006; 이강훈, 2008). 그러므로 직무요구통제모형은 높은 수준의 직무부담에 대처할 수 있는 적절한 통제력과 자원이 없는 상황에서 노동자가 과다한 업무를 수행하게 되면, 일에 대한 동기가 사라지게 되고, 긴장과 스트레스, 탈진, 불안, 우울, 냉소 등의 부정적인 결과들을 가져올 수 있음을 이야기하는 것이다(박상언 · 김민용, 2006; 이강훈, 2008; Evangelia, Bakker, Nachreiner, & Schaufeli, 2001; Peeters & Rutte. 2005).

그 다음으로 조절효과는 직무요구통제모형에서 업무과다와 소진 간의 관계에서 통제가 조절효과(moderating effect)를 수행하는데 이것은 통제가 직무요구가 과다해짐에 따라서 나타나는 부정적 결과들을 감소시킨다는 의미이다(박상언 · 김주엽 · 김민용, 2005; 이강훈, 2008). 〈그림 2-12〉에서 보듯이 직무요구통제모형에 대한 조절효과는 크게 4가지로 분류된다. 먼저 '적극적 직무(active job)'로 이는 직무요구가 높고

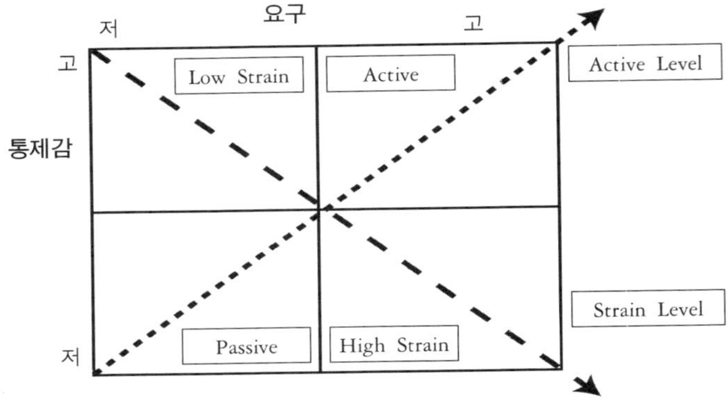

〈그림 2-12〉 요구통제모형

통제 수준 또한 높다는 것을 의미한다. 적극적 직무에 있는 사람들은 높은 직무 요구와 낮은 통제(high strain)를 지닌 사람들보다 상황에 더 잘 대처할 뿐 아니라 직무 요구와 통제감이 둘 다 높기 때문에 문제 중심적 대처를 하는 관계로, 네 그룹 중 긴장과 스트레스를 덜 받는다. 즉 이 상황에서는 개인들이 직무요구가 높음에도 불구하고, 자기 스스로 조절하면서 주체적으로 하기 때문에, 웰빙(well-being) 및 개인 성장이 야기된다(Karasek, & Theorell, 1990). 그 다음으로 '직무 요구 수준은 높은 데 비해 통제감이 낮은 그룹(high strain)'에서는 가장 높은 수준의 긴장과 스트레스 그리고 소진이 야기된다. 즉 이 그룹의 개인들은 직무 요구가 개인이 효과적으로 대처할 수 없을 만큼 크기 때문에, 자신이 스트레스나 소진 등을 조절하기 어렵게 된다. 낮은 수준의 요구와 낮은 수준의 통제를 의미하는 '수동적 직무(passive job)'는 요구가 높지 않기 때문에 통제감이 낮음에도 불구하고, 요구가 높고 통제감이 낮은 집단(high strain)에 비해 스트레스나 소진은 많지 않은 것으로 보고되고 있다. 마지막 그룹인 요구가 낮고 통제감이 높은 집단(low strain) 역시 요구가 낮기 때문에 스트레스나 소진은 크지 않은 것을 특징으로 한다. 이를 종합하여 살펴보면, 직무요구가 낮은 경우엔 통제감의 유무와 상관없이 소진이 일어나지 않으나, 직무요구가 높은 경우엔 통제감의 유무에 따라 소진의 정도가 달라진다는 가정이다. 즉, 요구가 높으면서 통제감이 낮을 때는 높은 스트레스 상황의 직무로 구분되며, 이러한 경우 소진이 유발될 수 있고, 직무 만족도가 낮게 나타난다고 보고하고 있다(박량희 · 유태용, 2007; 박상언 · 한수정, 2006; 이강훈, 2008; Karasek, 1979; Paterniti, Niedhammer, Lang, & Consoil, 2002; Schmitz, Neumann, & Oppermann, 2000).

그러나 많은 학자들이 요구-통제모형의 중재효과(상호작용효과)에 대해 지속적으로 검증을 하고 있으나 상당수의 연구에서 중재효과가 지지되지 않는 것으로 나타나고 있다(Beehr, Glsaer, Canali, & Wallwey, 2001; Totterdell, Wood, & Wall, 2006; Van Der Doef & Maes, 1999). 주효과가 나타난 연구에서는 직무요구와 통제감 간에 중재효과가 나타나지 않았다는 것과, 각각의 요인이 소진이나 직무만족도에 미치는 영향에 대한 연구 결과만 제시되었다. 또한 요구-통제모형의 두 가지 가설(상호작용 vs. 주효과) 모두 직무요구와 통제감 변인 간의 독립성을 가정하고 있다. 그러나 직무요구와 통제감 간에 정적 상관을 보이는 연구들이 빈번히 제시되고 있다(박량희, 2007; Beehr et al., 2001). 이러한 결과와 더불어, 직무요구와 통제감이 중재효과 외에 다른 관계(예: 매개 혹은 억제효과)에 대한 연구(Medin, Ekberg, Nordlund, & Eklund, 2008; Stoetzer, Ahlberg, Bergman, Hallsten, & Lundberg, 2009)들이 진행되어 왔고, 몇몇 선행연구에서는 이러한 두 변인 간의 관계를 고려하여 직무요구를 통제감으로 나눈 비율의 값과 소진 간의 관계를 측정하고 있다. 앞서 언급하였듯이, 통제감이라는 것이 자신의 직무에 대한 자율권, 재량권 등을 의미하는 걸 고려한다면, 직무요구가 높을수록 통제감 역시 높아질 수 있으며, 이러한 결과는 직무요구와 소진 사이에서 통제감이 매개 혹은 억제효과를 보일 가능성을 시사한다. 이러한 결과를 바탕으로 몇몇 연구자들(Beehr et al., 2001; Karasek, 1989)의 경우 요구−통제모형에서 중요한 것은 중재효과가 아니라 요구와 통제라는 두 개의 다른 요인이 서로 결합하여 소진이나 직무만족도와 같은 결과 변인에 영향을 미치는 것이라 하였다. 따라서 직무요구와 통제감의 중재효과나 주효과 모형 외에 소진을 설명하는 다른 모형을 살펴볼 필요가 있다. 대다수의 연구자들(Calnan, Wadsworth, May, Smith, & Wainwright, 2004; Marmot, Siegrist, Theorell, & Marmot, 1999) 역시 직무의 특성이나 종류에 따라 요구−통제모형이 다르게 영향을 미칠 가능성을 제시함으로써, 학생의 경우 이를 새롭게 검증해 볼 필요가 있다.

Karasek의 요구−통제모형의 이론적 개념을 학생소진의 경우에 적용해 보면, 학생이 과다한 학업을 수행해야 하는 경우 직무요구가 높다고 할 수 있으며, 직무 통제는 학업에 대한 학업분량이나 시간을 조절하는 능력 등을 가지고 있는 경우 통제감이 높다고 할 수 있다. 더욱이 우리나라 중학생들은 대학입시에 대한 압박을 본격적으로 받게 되고, 특목고 입시 열풍 등으로 인하여 중학교로 올라가면서부터 학업에 대하여 직접적인 강한 부담감을 경험하게 되며(김민애 등, 2010), 고등학생들은 직접적으로 대학입시의 압박에 시달리게 된다. 또한 중학생들은 초등학생에 비해 유능감이 급격히 떨어지고, 초・중・고등학생 중 통제감과 같은 자율적 동기와 내재 동기가 가장 낮은 것으로 나타나(김아영, 2002; 김아영, 2008; 현주・차정은・김태은, 2006), 학년에 따라 요구통제모형이 다르게 설명할 가능성을 제시하고 있다. 따라서 본 연구에서는 요구통제모형이 학업소진을 설명하기에 적절한 모형인지를 검증하고, 연령(학년)에 따라 요구통제모형이 어떻게 영향을 미치는지를 살펴보고자 한다.

2) 노력보상불균형모형

Siegrist(1990)는 요구-통제모형이 개인의 대응방식에 따른 차이나 시간의 경과에 따른 개인의 직무통제력의 변화를 충분히 반영하지 못하고 있다는 점을 지적하면서, 그동안 관심을 갖지 않았던 노력과 보상 그리고 과도위임에 근거한 노력-보상 불균형모형을 제시하였다. 노력보상불균형모형(ERIM; Effort-Reward Imbalance Model)은 1990년대 초부터 개발되기 시작해서 최근에 와서야 표준화된 도구가 완성되었다(강동묵 등, 2005). 노력보상불균형모형은 상호성(reciprocity)이라는 개념에서 비롯된다. 즉 인간은 사회적 존재로서 여러 가지 역할을 가지고 있으며, 그러한 역할을 통해 다른 존재들과의 상호작용에 의해 이루어지는 물질적·정신적 교환관계에 참여한다는 것이다. 즉 개인은 자신의 역할을 성공적으로 수행함으로써 자존감(self-esteem)과 자신감(self-efficacy)을 가지게 된다는 것이다. 이러한 경험은 좋은 감정을 일으키는 긍정적인 피드백으로 작용해서 자신의 역할 수행을 지속적으로 잘 유지해나갈 수 있도록 지지해준다. 반면 사회관계의 상호성이 깨져 자신의 역할 수행에 따른 결과가 기대를 충족시키지 못하면, 나쁜 감정이 생기면서 스트레스를 느끼게 된다. 이와 같이 기대했던 결과와 실제 결과의 차이로 인해 정서의 변화를 경험하게 되는 생물학적 기전은 사회적인 동물로서 진화되어 왔던 인류의 뇌 깊은 부분에 각인되어 있을 것으로 추정되고 있다(강동묵 외 재인용, p. 59).

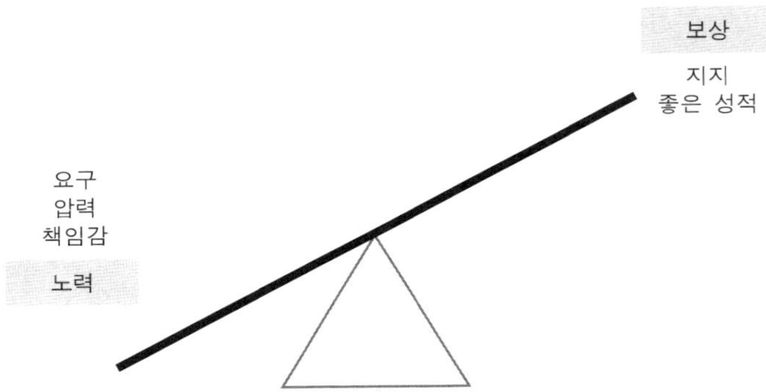

〈그림 2-13〉 노력보상불균형모형

소진에 있어 이러한 상호성은 노력과 보상으로 설명이 가능하다. 노력에 비해 세 가지의 주된 보상인 돈, 존중 그리고 지위통제력이 주어지지 않을 때, 즉 상호성이 결여되었을 때 스트레스가 심해지고, 소진과 같은 부적응적 증상이 나타난다. 결과적으로 자신이 노력한 것에 따라 적절한 보상이 있으면 보람과 즐거운 감정을 갖게 되지만, 적절한 보상이 주어지지 않을 경우에는 소진이 일어날 수 있다는 것이다(Bellingrath, Weigl, & Mudieka, 2008; Calnan, Wainwright, & Almond, 2000; Cosmides & Tooby, 1992; Li, Yang, & Cho, 2006; Niedhammer, Chanstang, David, Barouhile, & Barrandon, 2006; Siegriest, 2006; Von dem Knesebeck & Siegriest, 2003).

이처럼 요구통제모형과 노력보상불균형모형이 각기 다른 입장에서 소진을 설명하고 있기 때문에, 몇몇 학자들은 요구-통제모형과 노력-보상 불균형모형을 비교 또는 통합함으로써 그 직무에 더 적합한 모델을 찾거나 더 많이 소진을 설명하고자 하였다(Cordes, Dougherty, & Blum, 1997, Dragano et al., 2008; Tsutsumi, Kayaba, Therorell, Siegrist, 2001). 학생의 소진에 대한 연구에서는 Jacobs와 Dodd(2003)가 학업이 과다하다고 지각하는 것이 높은 소진을 야기하는 반면, 긍정적인 기질, 특별활동에의 참여, 사회적 지지 특히 친구의 지지는 소진을 예방하는 것으로 나타나 학생소진에 있어 자원보존모형을 지지하였다. 그러나 이는 대학생을 대상으로 한 연구인 동시에 다른 모형(요구-통제모형, 노력-보상 불균형모형)과는 비교하지 않았기 때문에 학생의 소진이 일어나는 상황이나 경로를 설명하는 데에는 한계가 있다. 따라서 학생의 소진을 심층적으로 이해하기 위해서 소진을 가장 잘 설명하는 모델이 무엇인지, 연령(초 · 중 · 고등학교)별로 차이가 있는지를 확인하고자 한다.

제 3 장
연구 방법

1. 연구 참여자
2. 연구 절차
3. 연구 도구

제3장 연구 방법

1. 연구 참여자

학생들의 학업소진을 측정하는 척도의 구인을 탐색하고, 이를 타당화하기 위해 이영복·이상민·이자영(2009)은 중·고등학생을 대상으로 자료를 수집하였다. 자료 수집은 두 차례에 걸쳐 시행되었는데, 1차로 시행된 예비 학업소진척도와 2차로 시행된 최종 학업소진척도의 설문에 반응한 표본은 다음과 같다. 먼저 예비검사는 전국의 중·고등학생 총 458명을 대상으로 실시하였다. 성별로 살펴보면, 남학생은 126명(27.5%)이었으며, 여학생은 331명(72.5%)으로 남학생보다 여학생이 더 많이 설문에 참가하였다. 또한 중학생 113명(24.7%), 고등학생 345명(75.3%)으로 고등학생의 비율이 더 많았다. 참가자들이 스스로 보고한 성적을 살펴보면, 1−10등 172명(37.6%), 11−20등 115명(25.1%) 그리고 20등 이하가 171명(37.3%)로 나타나 성적 분포가 비교적 고르게 되어 있는 것으로 나타났다. 다음으로 본 검사의 확인적 요인분석을 위해 서울 소재에 있는 중·고등학교 학생 891명을 대상으로 설문을 실시하였다. 성별로 살펴보면, 남학생은 443명(49.7%)이었으며, 여학생은 448명(50.3%)이었다. 전반적으로 남학생과 여학생의 분포가 동등하게 되어 있는 것으로 나타났으며, 중학생이 532명(59.7%), 고등학생은 359명(40.3%)으로 나타나 중학생이 고등학생에 비해 다소 많았다.

그 다음으로는 한국형 학업소진척도를 타당화하고, 학년별 학업소진의 과정 및 모형을 검증하기 위해 전국의 초등학교 4학년부터 고등학교 3학년까지 학년별로 설문조사를 실시하였다. 그 결과는 〈표 3-1〉에 제시하였다. 전국의 초등학생, 중학생, 고등학생 총 1,527명을 대상으로 실시하였으며, 성별로 살펴보면, 남학생은 727명(47.6.%), 여학생은 800명(52.4%)으로 남학생보다 여학생이 다소 많이 설문에 참가하였다. 또한 초등학생은 511명(33.5%), 중학생은 490명(32.1%) 그리고 고등학생은 526명(34.4%)로 고등학생이 초등학생과 중학생에 비해 다소 많았다. 학년별로 살펴보면, 초등학교 4학년은 127명(8.3%), 초등학교 5학년은 168명(11.0%), 초등학교 6학년은 216명(14.1%), 중

〈표 3-1〉 연구 참여자의 성별 및 학년 분포

(단위: 명(%))

	성별(명, %)		전 체
	남학생	여학생	
초등학교 4학년	56(3.7%)	71(4.6%)	127(8.3%)
초등학교 5학년	75(4.9%)	93(6.1%)	168(11.0%)
초등학교 6학년	104(6.8%)	112(7.3%)	216(14.1%)
중학교 1학년	78(5.1%)	88(5.8%)	166(10.9%)
중학교 2학년	77(5.0%)	83(5.4%)	160(10.5%)
중학교 3학년	80(5.2%)	83(5.4%)	163(10.7%)
고등학교 1학년	84(5.5%)	91(6.0%)	175(11.5%)
고등학교 2학년	87(5.7%)	85(5.6%)	172(11.3%)
고등학교 3학년	86(5.6%)	94(6.2%)	180(11.8%)
전 체	727(47.6%)	800(52.4%)	1527(100.0%)

학교 1학년은 166명(10.9%), 중학교 2학년은 160명(10.5%), 중학교 3학년은 163명(10.75%), 고등학교 1학년은 175명(11.5%), 고등학교 2학년은 172명(11.3%), 고등학교 3학년은 180명(11.8%)으로 초등학교 6학년이 가장 많기는 하였으나 큰 차이는 없었다.

또한 연구 참여자들의 특성을 살펴보면 다음과 같다. 먼저 이들의 성적 분포는 〈표 3-2〉에 제시하였다. 자신이 생각하기에 1－10등이라고 보고한 학생은 전체 참여자의 33.5%였으며, 11－20등은 전체 참여자의 33.9% 그리고 20등 이하라고 응답한 학생은 전체 참여자의 32.5%였다. 이상과 같이 참여자들의 성적은 상중하로 고르게 분포하고 있는 것을 알 수 있다.

다음으로 연구 참여자들의 부모님 결혼 상태를 살펴보면 〈표 3-3〉과 같다. 전체 연구 참여자의 88.2%(1,347명)가 부모님 두 분이 함께

〈표 3-2〉 연구 참여자의 성적 분포

	빈도(명)	%
1－10등	512	33.5
11－20등	518	33.9
21등 이하	372	24.4
전 체	124	8.1

〈표 3-3〉 연구 참여자의 부모님 결혼 상태

	빈도(명)	%
함께 살고 계심	1,347	88.2
두 분 중 한 분 사망	30	2.0
이 혼	86	5.6
별 거	53	3.5
재 혼	11	0.7
전 체	1,527	100.0

살고 계신 것으로 나타났으며, 5.6%(86명)은 부모님이 이혼한 것으로 나타났다. 그 외에 연구 참여자의 3.5%(53명)가 별거 중인 것으로 나타났으며, 2.0%(30명)은 부모님 두 분 중 한 분은 사망한 것으로 나타났다.

〈표 3-4〉에는 연구 참여자의 아버지 학력이 제시되었다. 연구 참여자의 아버지 중 45.8%(699명)는 대학교를 졸업하였으며, 39.9%(609명)는 고등학교를 졸업한 것으로 나타났다. 그 외에 대학원 이상이 9.4%(143명), 중학교 졸업이 3.7%(56명) 순으로 나타났다.

마지막으로 〈표 3-5〉에는 연구 참여자의 어머니 학력이 제시되었다. 연구 참여자의 어머니는 아버지와 달리 고등학교를 졸업한 경우가 52.8%(806명)로 가장 많았으며, 그 다음으로는 대학교 졸업이 36.8%

〈표 3-4〉 연구 참여자 아버지의 학력

	빈도(명)	%
초등학교 졸업	20	1.3
중학교 졸업	56	3.7
고등학교 졸업	609	39.9
대학교 졸업	699	45.8
대학원 이상	143	9.4
전 체	1,527	100.0

〈표 3-5〉 연구 참여자 어머니의 학력

	빈도(명)	%
초등학교 졸업	30	2.0
중학교 졸업	69	4.5
고등학교 졸업	806	52.8
대학교 졸업	562	36.8
대학원 이상	60	3.9
전 체	1,527	100.0

(562명)로 나타났다. 그 외에 중학교 졸업이 4.5%(69명), 대학원 이상이 3.9%(60명) 순으로 나타났다. 마지막으로 초등학교 졸업의 경우도, 2.0%(30명)로 나타났다.

2. 연구 절차

1) 한국형 학업소진척도 개발

(1) 예비문항추출

이영복 · 이상민 · 이자영(2009)은 예비척도 제작을 위해 중학생 185명을 대상으로 공부 때문에 지쳤을 때 나타나는 증상, 느낌, 행동, 생각에 대해 문장으로 작성하게 한 후 전문가 3인(교수 1명, 박사과정 1명, 석사과정 1명)이 문항을 검토하여 최종 100문항을 만들었으며, 이 문항과 대학생의 학업소진을 측정한 외국의 Maslach-Burnout Inventory-Student Survey(MBI-SS; Schaufeli et. al., 2002) 15문항을 추가하여 예비문항을 완성하였다.

(2) 탐색적 요인분석

예비문항 115개는 학업소진에 관한 문항은 웹(http://counselingtechnology.net)상에서 구현되었으며, DB화된 이메일 등을 통해 전국의 중 · 고등학생 458명에게 설문을 실시하였다. 그런 후 SPSS 13.0을 사용하여 115개 문항에 대해 탐색적 요인분석을 실시하였으며,

그 결과 최종 25문항이 선정되었다.

(3) 확인적 요인분석

탐색적 요인분석을 통해 최종 선정된 25문항을 새로운 표집인 중학생과 고등학생 891명을 대상으로 다시 Amos 5.0(Arbuckle, 2003)을 통해 설문조사한 후 확인적 요인분석을 실시하였다.

2) 한국형 학업소진척도의 타당화

(1) 모델 비교

한국형 학업소진척도의 타당화를 위해 초등학교 4학년부터 고등학교 3학년까지 학년별로 총 1,527명을 대상으로 설문을 실시하였다. 그런 후 한국형 학업소진척도 5요인 모델과 반감을 제외한 4요인 모델을 Amos 5.0을 통해 비교하였다.

(2) 한국형 학업소진척도 4요인 모델의 요인분석

모형 비교를 통해 더 좋은 모형으로 검증된 학업소진 4요인 모델에 대해 SPSS 15.0을 통해 요인분석을 실시하여 요인 구조를 확인하고, 각 요인 간의 상관을 알아보았다.

(3) 한국형 학업소진척도의 공인타당도

한국형 학업소진척도 4요인 모델의 공인타당도를 분석하기 위해 학업소진과 이론적으로 관련이 깊은 직무요구-통제척도와 노력-보상 불균형 척도와의 상관을 알아보았다.

3) 한국형 학업소진척도의 요인 타당화

한국형 학업소진척도의 요인 타당화를 위해 앞서 표집한 1,527명을 대상으로 성별(남학생, 여학생) 및 학교(초등학교, 중학교, 고등학교)에 따라 한국형 학업소진척도 4요인 모델이 타당한지를 살펴보았다. 이를 위해 x^2 검증 외에 NNFI, CFI 그리고 RMSEA를 통해 모형의 적합도 검증을 실시하였다.

4) 연령별 학업소진과정 분석

(1) 동일성 검증

연령별 학업소진과정을 분석하기 위해서는 앞서 표집한 1,527명을 대상으로 초등학교 4학년부터 고등학교 3학년까지 형태, 측정 그리고 절편이 동일하다는 가정이 전제되어야 한다. 이를 위해 학년에 따라 형태, 측정 그리고 절편이 동일한지 동일성 검증을 하였다. 또한 문항 잔차 및 변량/공변량 동일성 검증도 추가로 실시하였다.

(2) 잠재평균분석

연령별 학업소진과정을 분석하기 위해 앞서 표집한 1,527명을 대상으로 초등학교 4학년부터 고등학교 3학년까지 잠재평균분석을 실시하였다. 초등학교 4학년을 기점으로 해서 잠재평균이 차이가 나는지를 알아봄으로써 연령에 따라 학업소진이 어떻게 일어나는지 그 과정을 분석하였다.

5) 학업소진 경로 및 모형 개발

(1) 학업소진 모형 개발

소진의 대표적인 모형(요구통제모형, 노력보상불균형모형)이 학업소진도 설명 가능한지, 그리고 어떤 모형이 가장 잘 설명하는지 모형간 비교를 통해 우리나라 청소년을 가장 잘 설명하는 학업소진모형을 찾아내고자 한다.

(2) 연령별 소진 모형이 학업소진에 미치는 영향

소진의 대표적인 모형(요구통제모형, 노력보상불균형모형)이 연령에 따라 학업소진에 구체적으로 어떤 영향을 미치는지를 알아보고자 한다.

이상의 연구절차를 정리하면 〈그림 3-1〉과 같다.

1. 학업소진척도 개발

- 1) 예비문항개발 ⇨ 대학생용 학업소진척도 수정 및 보완을 통한 예비문항개발
- 2) 탐색적 요인분석 ⇨ 탐색적 요인분석을 통한 척도 하위요인 구성
- 3) 확인적 요인분석 ⇨ 확인적 요인분석을 통한 모델 적합도 확인 및 소진척도의 확정

⬇

2. 한국형 학업소진척도의 타당화

- 1) 모델 비교 ⇨ 3요인, 4요인, 5요인 모델 간 비교 검증
- 2) 4요인 모델의 요인분석 ⇨ 요인분석을 통해 요인구조 확인
- 3) 공인타당도 ⇨ 관련 척도와의 상관을 통한 공인타당도 분석

⬇

3. 한국형 학업소진척도의 요인 타당화

- 1) 요인 타당화 ⇨ 3요인, 4요인, 5요인 모델 간 비교 검증
- 2) 다집단 분석 ⇨ 요인분석을 통해 요인구조 확인

⬇

4. 연령별 학업소진과정

- 1) 동일성 검증 ⇨ 형태, 측정, 절편 간의 동일성 검증
- 2) 잠재평균분석 ⇨ 엽령별 학업소진 간의 잠재평균차이 분석

⬇

5. 학업소진 경로분석 및 모형개발

- 1) 학업소진 경로분석 및 모형개발 ⇨ 소진 모형을 바탕으로 우리나라 청소년의 학업소진을 가장 잘 설명하는 모형 검증
- 2) 요구통제 및 노력보상 불균형이 학업소진에 미치는 영향 ⇨ 소진의 대표적 모형(요구－통제모형, 노력－보상 불균형모형)이 학년별로 학업소진에 미치는 영향 분석

〈그림 3-1〉 연구의 절차와 내용

3. 연구 도구

가. 학업소진척도

학업소진척도는 Schaufeli와 그의 동료들(1996)이 일반인의 소진을 측정하기 위해 개발한 MBI-GS(Maslach Burnout Inventory-General Survey)를 학생 대상으로 수정한 것으로 탈진(exhaustion), 냉담(cynicism) 그리고 효능감(efficacy) 세 개의 하위요인으로 구성되었다. 처음에는 총 16개 문항으로 구성되어 있었으나 이후 독일, 스페인 등을 대상으로 한 연구에서 냉담 문항 중 한 개 문항(내가 공부를 할 때 나는 걱정하는 것을 원하지 않는다)은 적절하지 않아 제외되었다(Schaufeli et al.,2002; Gan et al., 2007). 그 후 탈진 5문항, 냉담 4문항 그리고 효능감 6문항 총 15개 문항으로 사용되었으며, Gan과 그의 동료들의 연구(2007)에서 나타난 각각의 신뢰도 계수(Cronbach's alpha)는 탈진 .65, 냉담 .79 그리고 효능감 .81이었다. 본 연구에서는 이를 바탕으로 한국의 학생들에게 적합한 학업소진척도를 개발할 것이다.

나. 요구-통제척도

한국형 학업소진척도의 공인타당도 분석을 위해 직무요구-통제모델에 근거한 업무과다(요구)척도와 통제 척도를 사용하였다. 직무요구에 관한 척도는 Jayaratne과 Chess(1981)가 직무환경 특성을 측정하기 위하여 개발한 척도를 윤부성(2000)이 번안한 것이다. 도전, 역할갈등, 역할 모호성, 업무과다 4개의 하위요인으로 되어 있으나, 본 연구에서는 직무요구에 해당하는 업무과다 요인만을 선택한 후 중·고등학생에 맞게 수정하였으며, 이를 학업과다라고 명명하였다. 본 연구에서 나타난 신뢰도 계수(Cronbach's alpha)는 .85였다. 통제 척도는 Karasek 등(1998)이 개발한 직무통제력에 대한 문항을 중·고등학생에 맞게 수정하였다. 본 연구에서 나타난 신뢰도 계수(Cronbach's alpha)는 .89였다. 두 척도 모두 5점 척도로 구성되었다.

다. 노력-보상 불균형 척도

한국형 학업소진척도의 공인타당도 분석을 위해 노력과 보상의 불균형을 측정하는 노력-보상 불균형 척도(effort-reward imbalance: ERI)를 사용하였다. 노력-보상 불균형 척도는 노력(effort), 보상(reward) 그리고 과도참여(overcommitment) 세 개의 하위요인으로 구성되어 있다. 이 척도는 Siegrist(2004) 등이 개발한 것이다. 그러나 노력-보상 척도의 경우 직장인을 대상으로 개발된 것이기 때문에 중·고등학생에 맞게 수정하여 사용하였다. 하위요인 중 보상과 과도참여 요인에서 신뢰도를 저하시키는 문항을 각각 1문항씩 제외하였다. 그 결과 최종 선택된 문항은 노력 6문항, 보상 10문항 그리고 과도참여 5문항이었으며, 모든 문항은 5점 척도로 되어 있다. 신뢰도 계수(Cronbach's alpha)는 .82, .72, 그리고 .73으로 나타났다. 노력-보상 불균형 척도 중 노력과 보상 요인은 노력보상비율(effort-reward ratio)을 통해 계산한 값으로 분석한다. 즉 노력보상비율을 구하는 공식은 (e/r)×c로 e는 노력영역 총점, r은 보상영역 총점 그리고 c는 보정 지수로 노력문항 수/보상문항 수를 말한다. 그 값이 0에 가까우면 상대적으로 낮은 노력을 기울이면서 보상이 높은 조건을 의미하며, 1에 가까우면 상대적으로 높은 노력을 기울이지만, 보상이 낮은 조건을 의미한다.

제 4 장
연구 결과

1. 한국형 학업소진척도 개발
2. 한국형 학업소진척도의 타당화
3. 한국형 학업소진척도의 요인 타당화
4. 연령과 학업소진 간의 관계
5. 학업소진모형 분석

제4장 연구 결과

1. 한국형 학업소진척도 개발

1) 예비문항 추출단계

학업소진에 대한 예비문항을 제작하기 위해 중학생 185명을 대상으로 공부 때문에 지쳤을 때 나타나는 증상, 느낌, 행동, 생각에 대해 질문하고 이를 문장으로 작성하게 하였다(이영복 · 이상민 · 이자영, 2009). 이를 위해 먼저 교사가 반 전체 학생을 대상으로 생각을 할 수 있도록 브레인스토밍을 하게 한 후 구체적으로 문장으로 만들어 기술하도록 하였다.

완성된 1차 문장을 전문가 3인(교수 1명, 박사과정 1명, 석사과정 1명)이 검토하여 중복문항을 삭제하고, 명료한 문장으로 재구성하였다. 이렇게 완성된 문항은 총 100문항으로, "공부를 해봤자 별 볼 일 없다.", "공부 때문인지 어깨가 너무 아프다.", "나는 공부에 대한 능력이 없는 것 같다." 등이 이에 속한다. 그런 후 외국의 대학생을 대상으로 학업소진을 측정한 도구인 소진척도-학생용 버전(Maslach-Burnout Inventory-Student Survey(MBI-SS); Schaufeli, Salanova, Gonzalez-Roma, Bakker,

2002)의 문항 15개를 추가하였다. 소진척도-학생용 버전(MBI-SS)은 탈진(Exhaustion), 냉담(Cynicism) 그리고 효능감(Professional efficacy) 3개의 하위척도로 구성되어 있다. 탈진은 "나는 공부 때문에 심정적으로 너무 고갈된 느낌이다." 외 4개의 문항으로 구성되어 있으며, 냉담은 "나는 학교에 입학한 이후로 공부에 대한 흥미를 덜 느끼게 되었다." 외 3개의 문항으로 구성되어 있고, 효능감은 "나는 공부하면서 생기는 문제를 효과적으로 해결할 수 있다." 외에 5개 문항으로 구성되어 있다.

2) 탐색적 요인분석

다음으로 학업소진의 하위요인을 측정하기 위해 전국의 중·고등학생 총 458명을 대상으로 설문을 실시하였다(이영복·이상민·이자영, 2009). 결과적으로 115문항을 탐색적 요인분석을 위해 SPSS 15.0을 사용하여 요인분석을 실시하였다. 그 결과, 고유값(eigenvalue) 1.0 이상인 요인은 13개 추출되었다. 그러나 설명량, 요인에 포함된 문항 수 그리고 이론적 해석 가능성을 고려했을 때(이수현, 2008), 5개 요인이 가장 적합한 것으로 나타났다. 하위요인을 5개로 설정한 후 2개 이상의 요인에 중복되어 있거나 요인부하량이 적은 문항을 제외하여 총 25문항을 학업소진을 나타내는 1차 문항으로 선정하였다. 요인분석 결과는 〈표 4-1〉과 같다.

첫 번째 요인의 문항들은 공부로 인해 지치는 것과 관련된 내용으로 5개 문항으로 구성되어 있다. "나는 학교 수업이 끝나고 집에 돌아오면 완전히 지친다.", "나는 공부로 인해 소진되었다고 느낀다." 등의 문항들이 이에 속하며, 따라서 이 요인을 '탈진'으로 명명하였다.

〈표 4-1〉 5요인 학업소진모델에 대한 요인분석 결과

	탈진	무능감	반감	냉담	불안
나는 학교 수업이 끝나고 집에 돌아오면 완전히 지친다.	.938				
나는 공부로 인해 소진되었다고 느낀다.	.882				
나는 아침에 일어나면 학교에 가서 다시 공부를 해야 하는 것 때문에 힘들다.	.851				
나는 공부 때문에 심정적으로 너무 고갈된 느낌이다.	.692				
나는 공부를 하거나 수업에 참여하는 것 때문에 스트레스를 많이 받는다.	.688				
나는 공부한 만큼 성적이 오르지 않아 절망감을 느낀다.		.855	-.135		
나는 공부에 대한 능력과 자질이 없다.		.808	.009		
나는 공부에 대한 능력이 없는 것 같다.		.763	.120		
나는 공부를 아무리 열심히 해도 안된다.		.746	.054		
나는 공부에 관한 한 항상 이 정도밖에 못하나 하고 생각한다.		.719	.058		
나는 공부 없는 세상에서 살고 싶다.			.974		
나는 공부가 중요한 세상이 싫어진다.			.876		
나는 공부밖에 없는 세상이 싫다.			.809		
나는 공부하기 싫다.			.677		
나는 공부로 인해 짜증스러움을 느낀다.			.675		
나는 공부가 미래에 도움이 될지 회의적이다.				.848	
나는 내가 하고 있는 공부가 중요한지 의심스럽다.				.821	
나는 공부에 대한 열정이 식는 것 같다.				.646	
나는 공부를 해봤자 별 볼 일 없다.				.607	
나는 학교에 입학한 이후로 공부에 대한 흥미를 덜 느끼게 되었다.				.575	
나는 공부를 안 하고 있으면 더 불안하다.					.932
나는 놀면서도 공부에 대한 걱정으로 마음이 편치 않다.					.850
나는 공부를 하고 있어도 늘 불안하다.					.833
나는 공부에 대한 걱정 때문에 자고 일어나도 개운하지가 않다.					.506
나는 공부 때문에 걱정이 너무 많다.					.488

이 문항들은 .60 이상의 높은 요인 부하량을 보이고 있는 것으로 나타났다.

두 번째 요인의 문항들은 공부에 대해 자신감이 없는 것과 관련된 내용으로 5개 문항으로 구성되어 있으며, "나는 공부에 대한 능력이 없는 것 같다." 등이 이에 속한다. 따라서 이 요인을 '무능감'으로 명명하였다. 각 문항들은 .70 이상의 높은 요인 부하량을 보이고 있는 것으로 나타났다.

세 번째 요인의 문항들은 공부에 대해 싫어하는 감정으로 5개 문항으로 구성되어 있다. "나는 공부하기 싫다.", "나는 공부가 중요한 세상이 싫어진다." 등의 문항들이 이에 속하며, 이 요인을 '반감'이라 명명하였다. 각 문항들은 .60 이상의 높은 요인 부하량을 보이고 있는 것으로 나타났다.

네 번째 요인의 문항들은 공부에 대한 회의적인 태도와 관련된 내용으로 5개 문항으로 구성되어 있다. "나는 내가 하고 있는 공부가 중요한지 의심스럽다.", "나는 공부가 미래에 도움이 될지 회의적이다." 등의 문항들이 이에 속하며, 그 결과 이 요인을 '냉담'이라고 명명하였다. 요인부하량은 모두 .50 이상인 것으로 나타났다.

다섯 번째 요인의 문항들은 공부에 대한 불안, 걱정과 관련된 내용으로 5개 문항으로 구성되어 있으며, "나는 공부를 안 하고 있으면 더 불안하다.", "나는 놀면서도 공부에 대한 걱정으로 마음이 편치 않다."와 같은 문항들이 이에 속한다. 그 결과 이 요인을 '불안'으로 명명하였다. 요인부하량은 .40 이상인 것으로 나타났다.

이상과 같이 모든 문항들은 .40 이상의 요인부하량을 보이고 있으며 척도의 신뢰도 분석 결과도 .80 이상으로 각 요인들에 대한 측정 척도가 타당함을 보여주었다. 자세한 요인분석 결과는 〈표 4-1〉에

〈표 4-2〉 학업소진척도의 하위요인별 고유값과 설명량

	탈 진	무능감	반 감	냉 담	불 안
고유값	11.05	2.66	1.55	1.10	.93
설명량	44.20	10.63	6.20	4.40	3.73
누적설명 변량	44.20	54.83	61.03	65.42	69.15

〈표 4-3〉 학업소진척도의 하위요인별 신뢰도

	탈 진	무능감	반 감	냉 담	불 안
신뢰도	.90	.89	.89	.86	.84

〈표 4-4〉 학업소진척도의 하위요인 간 상관계수

	탈 진	무능감	반 감	냉 담	불 안
탈 진	-				
무능감	.56**	-			
반 감	.64**	.68**	-		
냉 담	.64**	.67**	.69**	-	
불 안	.54**	.39**	.40**	.28**	-

$^{**}p<.01$

제시하였다.

그리고 이상의 학업소진 25문항에 대한 요인분석 결과 5개 요인은 전체 변량의 총 69.2%를 설명하고 있으며, 세부적으로는 1요인 '탈진'이 44.198, 2요인 '무능감'은 10.629, 3요인 '반감'이 6.198, 4요인 '냉담'은 4.397 그리고 5요인 '불안'이 .3.73를 각각 설명하고 있는 것으로 나타났다. 이는 〈표 4-2〉에 제시하였다.

또한 학업소진척도의 하위요인별 신뢰도를 살펴보면 〈표 4-3〉과 같다. 하위요인별로는 탈진이 .90, 무능감 .89, 반감 .89, 냉담 .86 그리고 불안이 .84로 높은 신뢰도를 보이는 것으로 나타났다.

학업소진의 하위요인들 간 상관계수는 〈표 4-4〉와 같다. 학업소진의 각 하위요인들은 .28－.69로 나타났다. 전체적으로 학업소진의 각 요인은 어느 정도 내용을 공유하면서도 독립된 요인만의 내용을 가지고 있는 것으로 나타났다.

3) 확인적 요인분석

탐색적 요인분석 결과 개발된 학업소진척도의 5요인 모형의 확인적 요인분석을 실시하였다(이영복 · 이상민 · 이자영, 2009). 그 과정에서 바람직한 모형적합도 지수의 선정기준에 대한 연구 결과(홍세희, 2000)를 고려해 절대적 적합도 지수로 RMSEA를, 상대적 적합도 지수로 NNFI와 CFI를 기준으로 정하여 모형의 적합도를 평가하였다.

확인적 요인분석 결과, x^2=(265, 891), NNFI=.837, CFI=.856, RMSEA=.089로 나타났다. 일반적으로 NNFI와 CFI는 .90이상이면 좋은 적합도 지수라 할 수 있고, RMSEA는 .05 이하면 좋은 적합도로 볼 수 있으며 .08 이하면 괜찮은 적합도로 볼 수 있다(Kline, 1998)는 것을 고려한다면, 전반적인 적합도 지수가 다소 낮게 나타났다고 할 수 있다. 그러나 상담 및 심리학 연구에서처럼 그 구조가 종종 간결하지 않거나 본 연구에서처럼 요인별 4개 이상의 문항이 포함되어 있을 경우에는 좋은 적합도가 나오기 힘들다(Lehrman- Waterman & Ladancy, 2001; Tracey & Kokotovic, 1989).

홍세희(2006)에 따르면, 이론적 근거하에 두 측정 변수가 유사할 경우 수정지수(Modification Index)를 통해 미지수를 추정할 수 있다고 하였다. 따라서 보수적 기준인 수정지수가 10 이상일 때를 기준으로 그 이상의 것에 대해 수정지수를 사용하였다. 수정지수를 사용한 문

〈표 4-5〉 학업소진모형 검증

적합도 지수	x^2	*df*	*p*	NNFI	CFI	RMSEA
	1343.989	255	.000	.901	.916	.069

NNFI = non-normed fit index; CFI = comparative fit index; RMSEA = root mean square error of approximation

〈표 4-6〉 학업소진척도의 하위요인별 신뢰도

	탈 진	무능감	반 감	냉 담	불 안
신뢰도	.85	.89	.90	.83	.81

항은 무능감 요인에서 1번과 5번, 반감 요인에서 7번과 8번, 9번과 10번, 불안 요인에서 12번과 13번, 12번과 14번, 14번과 15번, 탈진 요인에서 16번과 18번, 16번과 19번 그리고 냉담 요인에서 22번과 23번, 24번과 25번이다. 수정지수를 사용한 후 최종 분석 결과는 〈표 4-5〉에 제시하였다. 〈표 4-5〉에서 볼 수 있듯이 x^2=(255, 891), NNFI=.901, CFI=.916, RMSEA=.069로 나타나 양호한 적합도를 보였다.

확인적 요인분석에서 나타난 학업소진척도의 하위요인별 신뢰도 계수(Cronbach's alpha)는 .92였으며, 하위요인별로 살펴보면, 탈진이 .85, 무능감 .89, 반감 .90, 냉담 .83 그리고 불안이 .81로 높은 신뢰도를 보이는 것으로 나타났다. 이는 〈표 4-6〉에 제시하였다.

2. 한국형 학업소진척도의 타당화

이영복 · 이상민 · 이자영(2009)은 Schaufeli와 그의 동료들(1996)이 학생 대상으로 수정한 학업소진척도를 한국의 중·고등학생에게 적합하도록 개발하였다. 즉 Schaufeli와 그의 동료들(1996)이 개발한 학업소진척도(Maslach Burnout Inventory-Student Survey; MBI-SS)는 탈진(exhaustion), 냉담(cynicism) 그리고 효능감(efficacy) 세 개의 하위요인으로 구성되었으며, 이후 독일, 스페인 등을 대상으로 타당화되었다(Schaufeli et al., 2002; Gan et al., 2007). 그러나 이영복·이상민·이자영(2009)은 탈진, 냉담, 효능감 외에 반감과 불안이라는 요인이 한국의 중·고등학생이 보이는 학업소진의 특징임을 밝혀내었다. 하지만 중학생을 대상으로 학업소진척도를 검증한 결과, 불안요인은 논란의 여지가 있는 것으로 나타났다(김민애, 2009). 즉 불안 요인을 포함하지 않고 확인적 요인분석을 통해 모형의 적합도를 살펴본 결과 〈표 4-7〉에서 보는 바와 같이 불안을 포함했을 때보다 모형의 적합도가 더 양호하였으며, 이영복·이상민·이자영(2009)이 수정지수를 10개 연결하여 좋은 모형의 적합도를 찾은 반면 불안을 제외하였을 때는 1개만을 연결하여도 좋은 적합도를 보였다. 또한 불안 척도의 경우 탈진과는 높은 상관을 보였지만(r=.54, p<.01), 다른 하위척도와 비교해봤을 때 상대적으로 무능감(r=.39, p<.01), 반감(r=.40, p<.01), 냉담(r=.18, p<.01)과는 낮은 상관을 보였다.

이와 같은 결과를 종합하면, 이영복·이상민·이자영(2009)이 소진의 하위척도로 언급한 불안의 경우 학업소진의 초기단계에서 나타나는 증상으로 보이기는 하지만, 학업소진의 하위척도로 보기에는 무리가 있다. 그러나 이는 중학생만을 대상으로 하였기 때문에 이를 확정짓기는 어려운 것으로 보인다. 따라서 본 연구에서는 초등학생, 중학생, 고등학생을 대상으로 한국형 학업소진척도를 검증하고, 이를 타당화하고자 한다.

1) 모형 비교

우리나라 초·중·고등학생에게 적합한 척도를 알아보기 위해 한국형 학업소진척도의 5요인 모델과 4요인 모델을 비교하였다. 그 결과, 〈표 4-7〉에서 보는 바와 같이 3요인 모델의 경우, NNFI=.899, CFI=.912, RMSEA=.093으로 나타났다. 또한 5요인 모델의 경우 NNFI=.865, CFI=.881, RMSEA=.086로 나타났다. 반면 4요인 모델은 NNFI=.904, CFI=.917, RMSEA=.082로 나타나 5요인 모델에 비해 4요인 모델이 더 좋은 적합도를 보이는 것으로 나타났다. 일반적으로 NNFI와 CFI는 .90 이상이면 좋은 적합도 지수라 할 수 있고, RMSEA는 .05 이하면 좋은 적합도로 볼 수 있으며 .08 이하면 괜찮은 적합도로 볼 수 있다(Kline, 1998)는 것을 고려한다면, 4요인 모델의 경우 NNFI를 제외한 RMSEA와 CFI는 좋은 적합도 지수를 보였다. 또한 상담 및 심리학 연구에서처럼 그 구조가 종종 간결하지 않거나 본 연구에서처럼 요인별 4개 이상의 문항이 포함되어 있을 경우에는 좋은 적합도가 되기가 힘들 경우(Lehrman-Waterman &

〈표 4-7〉 학업소진모형 비교

모델(n=1,530)	x^2	df	Δx^2	NNFI	CFI	RMSEA	AIC
3요인 모델(모델 1)	1239.805	87		.899	.912	.093	1305.805
최초 4요인 모델(모델 2)	1864.143	164		.904	.917	.082	1956.143
5요인 모델(모델 3)	3255.603	265		.865	.881	.086	3375.603
모델 1과 모델 2의 차			624.338**				
모델 2와 모델 3의 차			1978.924**				
수정된 4요인 모델(모델 4)	1262.667	160		.936	.946	.067	1362.667
모델 2와 모델 4의 차			601.476**				

$^{**}p<.01$

Ladancy, 2001; Tracey & Kokotovic, 1989), 이론적 근거하에 두 측정 변수가 유사할 경우 수정지수(Modification Index)를 통해 미지수를 추정할 수 있다고 하였다(홍세희, 2006). 따라서 수정지수가 10 이상인 것 중 제일 높은 19번 문항과 20번 문항을 연결하였다. 그 결과 NNFI와 CFI는 각각 .916과 .928로 높은 적합도를 보였으며, RMSEA 역시 .077로 양호한 적합도를 보였다.

또한 이렇게 수정된 4요인 모델은 이차요인모델(second-order factor model)과 비교 시 더 좋은 적합도를 보여 수정된 4요인 모델이 가장 좋은 모델인 것으로 나타났다. 이는 〈표 4-8〉에 제시하였다.

초・중・고등학생을 대상으로 불안을 제외한 학업소진척도의 신뢰

〈표 4-8〉 학업소진모형 검증

적합도 지수	x^2	*df*	*p*	NNFI	CFI	RMSEA
이차요인모델 (second-order factor model)	851.798	166	.000	.872	.888	.091
4요인 모델 (수정 후: MI 1개 연결)	1642.035	163	.000	.916	.928	.077

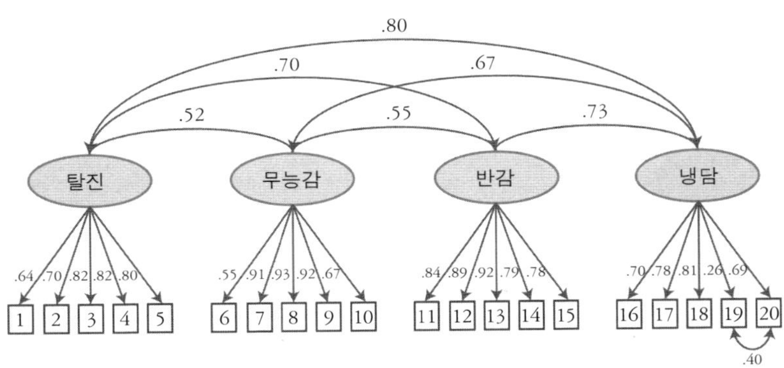

〈그림 4-1〉 수정된 4요인 모델

〈표 4-9〉 학업소진척도의 하위요인별 신뢰도

	탈 진	무능감	반 감	냉 담
신뢰도	.87	.94	.91	.85

도계수(Cronbach's alpha)는 .94였으며, 하위요인별로 살펴보면, 탈진이 .87, 무능감 .94, 반감 .91, 그리고 냉담이 .85로 높은 신뢰도를 보이는 것으로 나타났다. 이 같은 결과는 〈표 4-9〉에 제시하였다.

2) 학업소진 4요인 모델의 요인분석

이영복 · 이상민 · 이자영(2009)이 개발한 학업소진척도 총 25문항 중 불안 5문항을 제외한 20문항의 요인구조를 확인해보기 위해 하위요인을 4개로 설정한 후 요인분석을 실시하였다. 요인분석 결과는 〈표 4-10〉과 같다.

첫 번째 요인은 "나는 공부하기 싫다."와 같은 '반감' 요인, 두 번째 요인은 "나는 공부에 대한 능력이 없는 것 같다."와 같은 '무능감' 요인, 세 번째 요인은 "나는 공부로 인해 소진되었다고 느낀다."와 같은 '탈진' 요인 그리고 마지막 요인은 "나는 공부가 미래에 도움이 될지 회의적이다."와 같은 '냉담' 요인인 것으로 나타났다. 각 요인의 문항들은 .50 이상의 높은 요인 부하량을 보이고 있는 것으로 나타났다.

그리고 이상의 학업소진 20문항에 대한 요인분석 결과 4개 요인은 전체 변량의 총 62.13%를 설명하고 있으며, 세부적으로는 1요인 '반감'이 45.84%, 2요인 '무능감'은 7.68%, 3요인 '탈진'이 5.30, 4요인 '냉담'은 3.318을 각각 설명하고 있는 것으로 나타났다. 이는 〈표

〈표 4-10〉 학업소진 4요인 모델의 요인분석 결과

	1	2	3	4
나는 공부가 중요한 세상이 싫어진다.	.928			
나는 공부 없는 세상에서 살고 싶다.	.895			
나는 공부밖에 없는 세상이 싫다.	.819			
나는 공부하기 싫다.	.729			
나는 공부로 인해 짜증스러움을 느낀다.	.588			
나는 공부에 대한 능력과 자질이 없다.		.865		
나는 공부에 대한 능력이 없는 것 같다.		.858		
나는 공부를 아무리 열심히 해도 안 된다.		.800		
나는 공부에 관한 한 항상 이 정도밖에 못하나 하고 생각한다.		.629		
나는 공부한 만큼 성적이 오르지 않아 절망감을 느낀다.		.568		
나는 공부로 인해 소진되었다고 느낀다.			.739	
나는 공부 때문에 심정적으로 너무 고갈된 느낌이다.			.718	
나는 학교 수업이 끝나고 집에 돌아오면 완전히 지친다.			.707	
나는 공부를 하거나 수업에 참여하는 것 때문에 스트레스를 많이 받는다.			.666	
나는 아침에 일어나면 학교에 가서 다시 공부를 해야 하는 것 때문에 힘들다.			.564	
나는 공부가 미래에 도움이 될지 회의적이다.				.714
나는 내가 하고 있는 공부가 중요한지 의심스럽다.				.688
나는 학교에 입학한 이후로 공부에 대한 흥미를 덜 느끼게 되었다.				.671
나는 공부에 대한 열정이 식는 것 같다.				.632
나는 공부를 해봤자 별 볼 일 없다.				.522

4-11〉에 제시하였다.

학업소진의 하위요인들 간 상관계수는 〈표 4-12〉와 같다. 학업소진의 각 하위요인들은 .52－.68로 나타났다. 전체적으로 학업소진의 각 요인은 어느 정도 내용을 공유하면서도 독립된 요인만의 내용을 가지고 있는 것으로 나타났다.

〈표 4-11〉 학업소진 4요인 모델의 하위요인별 고유값과 설명량

	반 감	무능감	탈 진	냉 담
고유값	9.17	1.54	1.06	.66
설명량	45.84	7.68	5.30	3.32
누적 설명량	45.84	53.52	58.82	62.13

〈표 4-12〉 학업소진척도의 하위요인 간 상관

	탈 진	무능감	반 감	냉 담
탈 진	-			
무능감	.53**	-		
반 감	.63**	.52**	-	
냉 담	.68**	.59**	.65**	-

$^{**}p<.01$

3) 학업소진척도의 공인타당도

불안을 제외한 4요인 학업소진척도의 공인타당도를 분석하기 위해 학업소진과 관련이 깊은 직무요구-통제척도와 노력-보상 불균형 척도와의 상관을 알아보았다. 소진을 설명하는 대표적인 모형으로 직무요구-통제모델(JDC)과 노력보상모델(ERI)을 들 수 있다. 직무요구-통제모델은 과도한 직무가 요구되는 상황에서 개인에게 그 직무를 통제할 수 있는 권한이 없으면 소진이 유발된다는 것이고, 노력-보상모델은 노력에 비해 보상이 주어지지 않을 때 소진이 유발된다는 것이다. 기존의 수많은 연구들은 심리적으로 직무에 대한 요구가 높고 통제권이 적을수록 소진은 증가한다고 보았으며(Farber & Heifetz, 1982; Karasek, 1979; Schnall, 1998; Standsfield et al., 1999; Paterniti et al., 2002; Pine & Maslach, 1978), 노력에 비해 보상이 주어지지 않을

때 소진이 증가하는 것으로 나타났다(Bakker et al., 2000; Siegrist, 1998; Siegrist & Peter, 2000). 따라서 본 연구에서는 소진과 가장 깊은 관련이 있는 것으로 알려진 변인, 즉 직무요구—통제모델에서 사용되는 학업과다요인과 통제 요인 그리고 노력—보상모델에서 사용되는 노력—보상 비율과 과도참여 변인들과 학업소진 간의 관계를 파악하였다. 그 결과 학업소진은 학업과다, 통제, 노력—보상비율 그리고 과도참여와 모두 유의미한 상관이 있는 것으로 나타났다.

구체적으로 살펴보면, 통제변인과는 -.19(p<.01)로 부적 상관이 있는 것으로 나타났으며, 그 외의 변인은 정적 상관이 있는 것으로 나타났다(학업과다; r=.24, p<.01, 과도참여; r=.14, p<.01). 특히 노력—보상비율은 학업소진과 .51로 가장 높은 상관을 나타냈다(p<.01). 즉 업무가 과다할수록, 통제권이 적을수록, 노력에 비해 보상이 없을수록, 그리고 과도하게 위임이 될수록 소진이 증가하는 것을 알 수 있으며, 그중 노력—보상비율은 학업소진을 가장 크게 설명하고 있는 것으로 나타났다. 하위요인별로 살펴보면, 노력보상비율은 모든 하위요인과의 상관이 .37—.49로 나타났으며, 특히 탈진과 가장 높은 상관관계를 보이고 있다(r=.49, p<.01). 학업과다는 냉담, 탈진, 무능감 그리고 반감과 .13—.32의 상관을 보였으며, 특히 탈진과 가장 높은 상관관계를 나타냈다(r=.32, p<.01). 반면 통제의 경우에는 탈진, 무

〈표 4-13〉 학업소진 총점과 하위요인들과 관련 변인들 간의 상관

	학업소진	탈 진	무능감	반 감	냉 담
학업과다	.24**	.32**	.17**	.17**	.13**
통제	-.19**	-.11**	-.18**	-.13**	-.38**
노력보상비율	.51**	.49**	.44**	.37**	.42**
과도참여	.14**	.26**	.09**	.04	.08**

**p<.01

능감, 반감 그리고 냉담과 -.38－-.11의 부적인 상관 결과를 나타냈으며, 특히 냉담과 가장 상관관계가 높았다. 또한 과도참여는 탈진, 무능감, 냉담과 정적 상관을 보였으나 반감과는 통계적으로 유의미한 상관을 보이지 않았다. 이와 같이 학업소진과 학업과다 등 관련변인들 간의 상관을 보인다는 결과는 척도의 타당성을 보여주는 증거로 해석할 수 있다. 그러나 하위요인별로 상관관계가 다르게 나타나는 것으로 보아, 학업소진의 하위요인들은 서로 다른 요인에 의해 차별적으로 영향을 받는 것으로 보인다.

3. 한국형 학업소진척도의 요인 타당화

1) 요인 타당화

〈표 4-14〉는 한국형 학업소진척도 중 냉담 19번과 냉담 20번 문항의 수정지수를 연결한 4요인 모델이다. 이 모델의 경우, 남학생은 NNFI=.912, CFI=.924, RMSEA=.078이었으며, 여학생은 NNFI=.911, CFI=.924, RMSEA=.080으로 나타났다. 일반적으로 NNFI와 CFI는 .90 이상이면 좋은 적합도 지수라 할 수 있고, RMSEA는 .05 이하면 좋은 적합도로 볼 수 있으며 .08이하면 괜찮은 적합도로 볼 수 있다(Kline, 1998)는 것을 고려한다면, 남학생과 여학생 모두 NNFI와 CFI는 좋은 적합도 지수를 보였으며, RMSEA도 괜찮은 적합도를 나타냈다.

그 다음으로 초등학생, 중학생 그리고 고등학생별로 모델의 적합성

〈표 4-14〉 성별과 학교별 4요인 모델의 적합도

		x^2	*df*	NNFI	CFI	RMSEA
성 별	남학생	879.36**	163	.912	.924	.078
	여학생	1013.59**	163	.911	.924	.080
학 교	초등학생	533.73	163	.932	.941	.067
	중학생	603.14**	163	.914	.926	.074
	고등학생	837.25**	163	.872	.890	.089

* p < .05, ** p < .01

〈표 4-15〉 성별과 학교별 수정된 4요인 모델의 적합도

		x^2	*df*	NNFI	CFI	RMSEA
성 별	남학생	703.85**	160	.932	.942	.068
	여학생	806.46**	160	.931	.942	.071
학 교	초등학생	499.33**	160	.937	.947	.064
	중학생	449.37**	160	.942	.951	.061
	고등학생	642.35**	160	.907	.921	.076

* p < .05, ** p < .01

을 검증하였다. 초등학생의 경우, NNFI=.932, CFI=.941, RMSEA=.067이었으며, 중학생은 NNFI=.914, CFI=.926, RMSEA=.074였다. 즉 초등학생과 중학생은 좋은 적합도를 보이는 것으로 나타났다. 그러나 고등학생은 NNFI=.872, CFI=.890, RMSEA=.089로 세 지표에서 모두 적합도가 다소 낮은 것으로 나타났다.

상담 및 심리학 연구에서처럼 그 구조가 종종 간결하지 않거나 본 연구에서처럼 요인별 4개 이상의 문항이 포함되어 있을 경우에는 좋은 적합도가 되기가 힘들 경우(Lehrman-Waterman & Ladancy, 2001; Tracey & Kokotovic, 1989), 이론적 근거하에 두 측정 변수가 유사할 경우 수정지수(Modification Index)를 통해 미지수를 추정할 수 있다(홍세희, 2006). 이러한 근거 하에 19번과 20번의 수정지수를 연결한 것

에 추가로 수정지수가 역시 10 이상인 1번과 5번, 9번과 10번, 17번과 18번 문항을 연결하였다. 그 결과 〈표 4-15〉에서 보는 것과 같이, 성별(남학생, 여학생)과 학교(초등학생, 중학생, 고등학생)에서 NNFI와 CFI는 모두 .90 이상으로 좋은 적합도를 보였으며, RMSEA 역시 .80 이하로 괜찮은 적합도를 나타냈다. 특히 문항 19번과 20번의 수정지수만을 연결했을 때 문제가 되었던 고등학생 역시 NNFI과 CFI는 각각 .907과 .921로 좋은 적합도를, RMSEA는 .076로 양호한 적합도를 보였다.

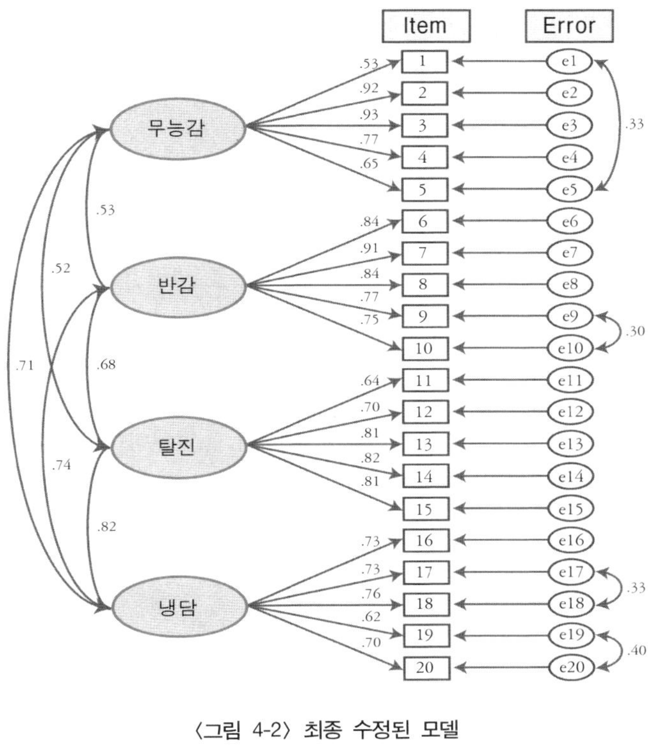

〈그림 4-2〉 최종 수정된 모델

요약하면, 1번과 5번, 9번과 10번, 17번과 18번 그리고 19번과 20번 문항을 연결했을 때 성별(남학생, 여학생)이나 학교(초등학교, 중학교, 고등학교)에 상관없이 가장 좋은 적합도를 보이는 것으로 나타났다. 최종적으로 수정지수(MI)를 4쌍 연결했을 때 모델은 〈그림 4-2〉와 같다.

2) 다집단 분석

지금까지 검증한 모델은 집단(성별, 학교)에 따라 4쌍의 수정지수를 연결한 〈그림 4-2〉가 공통적으로 적합한 것으로 나타났다. 즉 성별과 학교에 따라 집단 간 형태 동일성이 만족되었다. 따라서 이를 바탕으로 남학생 집단과 여학생 집단(성별) 그리고 초등학교, 중학교, 고등학교(학교)에 따라 차이가 있는 지를 알아보기 위해 다집단 분석을 실시하였다. 다집단 분석은 각 집단의 추정된 계수의 값이 집단에 따라 통계적으로 유의한 차이가 나는지를 알아보는 것으로 이를 위해 구조 동일성 검증을 실시하였다. 이 때 검증된 4개의 모형은 다음과 같다.

① 모형 1: 모형 1(Unconstrain)은 집단 간에 어떠한 것도 제약을 가하지 않은 모델이다. 즉 집단 간에 동일하다는 제약을 전혀 가하지 않고 자유롭게 한 것으로 제약을 가한 다른 모델과 비교할 때 기저모형이 되는 모형이다.

② 모형 2: 모형 3(Measurement weight)은 집단 간의 측정 동일성(metric invariance across groups)을 평가하기 위해 요인부하량(factor loading)에 제약을 가한 것이다. 즉 집단에 따라 요인부하량을 동일하게 한 모형이다.

③ 모형 3: 모형 3(Structural covariances)은 모형 2가 요인 부하량만 제약을 가해준 것에 추가로 요인 간의 상관 그리고 오차 간의 상관에 모두 제약을 가해준 것이다. 즉 집단에 따라 요인부하량, 요인 간 상관, 오차 간 상관을 동일하게 한 모형이다.

④ 모형 4: 모형 4(Measurement residual)는 요인부하량, 요인 간의 상관, 오차 간의 상관 외에 잔차까지 모두 제약을 가한 것이다.

위 4개의 모형 간에 차이가 있는지를 알아보기 위해 모형 간 비교를 실시하였다. 이를 위해 모형 간 x^2검증과 모형의 적합도 지수인 NNFI, CFI, 그리고 RMSEA 검증을 하였다. 그러나 각 모형은 내재된(nested) 관계이기 때문에 x^2검증도 적절하다 할 수 있지만, 이는 표본크기에 민감하다는 단점을 가지고 있다. 따라서 본 연구에서는 집단 간에 동일하다는 제약을 가해주었음에도 불구하고, 모형의 적합도 지수인 NNFI, CFI, 그리고 RMSEA이 유의미하게 나빠지지 않으면 동일성이 성립한 것으로 보았다.

먼저 성별 즉 남학생과 여학생에 따라 다집단 분석을 실시하였다. 〈표 4-16〉에서 보는 것과 같이 동일화 제약을 가했을 때 x^2검증은 유의미한 차이를 보였으나 이는 표본 크기에 민감하기 때문에 x^2검증

〈표 4-16〉 남학생과 여학생 간의 동일성 검증

Model	x^2	*df*	NNFI	CFI	RMSEA	x^2
모형 1	1510.31	320	.932	.942	.049	
모형 2	1542.65	336	.934	.942	.049	M2-M1=32.34**
모형 3	1558.83	346	.935	.941	.048	M3-M1=48.52**
모형 4	1651.38	370	.936	.938	.048	M4-M1=141.07**

*p<.05, **p<.01

만으로 차이가 있다고 보기는 어렵다. 그 다음으로 모형의 적합도 지수인 NNFI, CFI, 그리고 RMSEA을 살펴보면, 모형 1에서 모형 4에 이르기까지 유의미한 변화가 없었다. 즉 남학생과 여학생이 같은 결과는 남학생과 여학생 간에 요인부하량, 요인 간의 상관, 오차 간의 상관, 잔차에 있어 차이가 존재하지 않는다는 것을 의미한다. 자세한 결과는 〈표 4-16〉에 제시하였다.

다음으로 초등학교, 중학교, 고등학교에 따라 다집단분석을 실시하였다. 각각의 모델의 가정은 성별에서의 가정과 동일하였다. 〈표 4-17〉에서 보듯이 모형 1, 모형 2, 모형 3은 표본의 수에 의한 영향이 큰 x^2검증에서는 유의미한 차이가 났지만, 모형의 적합도 지수(NNFI, CFI, RMSEA)에서는 유의미한 차이가 나지 않았다. 따라서 모형1, 모형 2 그리고 모형 3은 초등학교, 중학교 그리고 고등학교에 따른 차이는 없는 것이다. 즉 요인부하량, 요인 간의 상관, 오차 간의 상관에 있어 초등학교, 중학교, 고등학교의 차이는 없다는 것을 알 수 있다.

그러나 모형 4(Measurement residual) 즉 요인부하량, 요인 간의 상관, 오차 간의 상관 외에 잔차까지 모두 제약을 가했을 때 카이자승값(x^2)은 현저하게 높아지고 적합도 지수도 안 좋아지는 것으로 나타

〈표 4-17〉 초등학교, 중학교, 고등학교 간의 동일성 검증

Model	x^2	*df*	NNFI	CFI	RMSEA	x^2
M1	1591.05	480	.928	.940	.039	
M2	1677.46	512	.930	.937	.039	M2-M1 = 86.41**
M3	1753.97	532	.929	.934	.039	M3-M1 = 162.92**
M4	2033.34	570	.921	.921	.041	M4-M1 = 442.29**

**p<.01

났다. 이는 문항 잔차(item residual)가 집단 간(초등학교, 중학교, 고등학교) 동일하지 않다는 것을 의미한다. 구체적으로 살펴보았을 때, 가장 크게 차이가 나는 것은 탈진 15번 문항으로 15번 문항의 잔차에 제약을 가하지 않았을 때 카이자승값(x^2)은 35.44만큼 줄어드는 것으로 나타났다. 그러나 카이자승값(x^2)에 비해 적합도 지수(NNFI, CFI, RMSEA)는 상대적으로 작게 변화함으로써 덜 영향을 받는 것으로 나타났다.

4. 연령과 학업소진 간의 관계

1) 연령별 학업소진 하위요인 간 상관

연령별 학업소진 간의 관계를 알아보기 위해 먼저 초등학교 4학년부터 고등학교 3학년에 이르기까지 연령별로 학업소진의 하위요인 간 상관을 알아보았다. 〈표 4-18〉에서 보는 바와 같이, 학년에 상관없이 학업소진 간의 하위요인 간에는 유의미한 상관이 있는 것으로 나타났다. 구체적으로 살펴보면, 학업소진 중 탈진과 무능감, 무능감과 반감 그리고 탈진과 냉담과의 상관관계는 중학생부터 감소하는 것으로 나타났다. 또한 탈진과 반감과의 상관관계는 초등학교에서는 상대적으로 높았으나, 중학교와 고등학교에 걸쳐서는 별다른 변화가 없었다. 게다가, 냉담과 무능감 그리고 냉담과 반감과의 상관관계는 초등학교와 중학교에서는 큰 차이가 없었으나, 고등학교부터는 감소하는 것으로 나타났다.

〈표 4-18〉 학년별 학업소진 하위변인 간의 상관관계

	초등학교			중학교			고등학교		
	4학년	5학년	6학년	1학년	2학년	3학년	1학년	2학년	3학년
탈 진									
무능감	.567**	.496**	.585**	.427**	.420**	.446**	.437**	.415**	.415**
반 감	.697**	.563**	.684**	.552**	.530**	.502**	.529**	.466**	.509**
냉 담	.723**	.707**	.775**	.615**	.563**	.575**	.644**	.602**	.441**
무능감									
반 감	.546**	.526**	.542**	.416**	.416**	.424**	.452**	.420**	.451**
냉 담	.576**	.506**	.617**	.591**	.559**	.578**	.446**	.430**	.514**
반 감									
냉 담	.716**	.574**	.692**	.523**	.633**	.519**	.605**	.430**	.571**

** $p<.01$

2) 동일성 검증

연령에 따른 학업소진 정도의 차이를 잠재평균분석을 통해 알아보았다. 이를 위해 먼저 학년별로 소진의 하위요인인 무능감, 반감, 탈진 그리고 냉담의 문항별로 요인부하량(factor loading)을 살펴보았다. 이때 모형은 초등학교, 중학교 그리고 고등학교에서 모두 타당한 것으로 검증된 〈그림 4-2〉의 최종 모형을 대상으로 실시하였다. 그 결과 〈표 4-19〉에서 보는 것과 같이 학년에 따라 요인부하량(factor loading)의 차이가 유의미하게 나지는 않았다. 그러나 무능감 1번 문항의 경우 전체적으로 요인부하량(factor loading)이 낮은 것으로 나타났다.

〈표 4-19〉 초등학교, 중학교, 고등학교 간의 요인부하량

		초등학교			중학교			고등학교		
		4학년	5학년	6학년	1학년	2학년	3학년	1학년	2학년	3학년
무능감	문항 1	.45	.39	.62	.45	.38	.51	.60	.44	.51
	문항 2	.81	.92	.85	.89	.95	.93	.91	.93	.94
	문항 3	.84	.94	.89	.93	.92	.93	.93	.95	.97
	문항 4	.72	.71	.82	.75	.81	.75	.78	.71	.71
	문항 5	.57	.73	.75	.48	.58	.71	.60	.55	.51
반 감	문항 6	.79	.83	.84	.85	.80	.82	.81	.78	.80
	문항 7	.87	.87	.90	.87	.83	.93	.85	.90	.91
	문항 8	.78	.69	.80	.77	.80	.87	.82	.87	.85
	문항 9	.75	.75	.77	.70	.84	.76	.69	.68	.66
	문항 10	.72	.71	.75	.68	.75	.74	66	.60	.66
탈 진	문항 11	.58	.58	.66	.66	.47	.57	.57	.49	.62
	문항 12	.67	.65	.73	.62	.74	.57	.72	.57	.68
	문항 13	.80	.80	.85	.76	.81	.79	.81	.64	.76
	문항 14	.77	.75	.82	.79	.90	.87	.82	.82	.80
	문항 15	.76	.77	.82	.80	.67	.80	.74	.80	.82
냉 담	문항 16	.53	.74	.65	.83	.74	.77	.59	.74	.80
	문항 17	.75	.72	.79	.75	.64	.73	.76	.66	.68
	문항 18	.50	.80	.84	.76	.70	.76	.67	.66	.61
	문항 19	.34	.73	.79	.55	.47	.63	.61	.61	.57
	문항 20	.67	.73	.86	.59	.47	.74	.66	.52	.62

(1) 형태 동일성(configural invariance)

초등학교 4학년에서 고등학교 3학년까지 학년별로 형태 동일성을 검증하였다. 수정지수를 4쌍 즉 1번과 5번, 9번과 10번, 17번과 18번 그리고 19번과 20번을 연결한 〈그림 4-2〉의 최종 모형을 상대로

실시하였다. 즉 학년별로 x^2검증과 모형의 적합도(NNFI, CFI, RMSEA) 검증을 실시하였다. 그 결과 〈표 4-19〉에서 보는 바와 같이 NNFI와 CFI는 각각 .914와 .928로 모두 .90 이상 좋은 적합도를 보였다. RMSEA 역시 50 이하일 때 좋은 적합도로 판정하는데, 이 경우 .025로 좋은 적합도 지수를 나타냈다. 즉 학년에 따라 형태 동일성이 만족하는 것으로 나타났다.

(2) 측정 동일성(metric invariance)

형태 동일성이 만족하였으므로 학년에 따라 요인부하량이 동일하다고 하였을 때 모형의 적합도가 차이가 나는지를 검증하였다. 이를 위해 학년별로 요인부하량을 동일하게 제약을 가한 후 x^2검증과 모형의 적합도(NNFI, CFI, RMSEA) 검증을 실시하였다. 그 결과 x^2은 206.2 증가하였으며, df 역시 128 증가하였다. 즉 x^2 검증한 결과, 요인부하량을 동일하게 했을 때 x^2에서 통계적으로 유의미한 차이가 있는 것으로 나타났다. 그러나 x^2의 경우 표집의 크기에 영향을 많이 받으므로 많이 사용되지만 이에 절대적으로 의존해서는 안 되기 때문에(Anderson & Gerbeubgm 1998; Cheung & Rensvold, 2002; Steebkamp & Baumgartner, 1998) Chen(2007)의 준거를 토대로 모형의 적합도(NNFI, CFI, RMSEA) 변화량 검증을 함께 고려하였다. 그 결과, NNFI, CFI, RMSEA는 각각 .003, -.004, -.001로 거의 변화가 없는 것을 알 수 있다. 즉 학년에 따라 측정 동일성이 확인되었으며, 이는 학년에 따라 동일한 척도를 사용할 수 있음을 의미하는 것이다.

(3) 절편 동일성(Scalar invariance)

학년에 따라 측정 동일성이 확인 되었으므로 다음 단계인 절편 동일성을 검증하였다. 절편 동일성은 측정모형과 집단 간에 요인부하량과 절편(intercept)까지 동일하게 제약을 가한 것을 의미한다. 절편 동일성을 검증하기 위해 학년별로 요인부하량과 절편을 동일하게 제약을 가한 후 x^2검증과 모형의 적합도(NNFI, CFI, RMSEA) 검증을 실시하였다. 그 결과 측정 동일성 모형에 비해 x^2은 1,201.0 증가하였으며, *df* 역시 160 증가하였다. 또한 모형의 적합도 검증에서도 NNFI, CFI, RMSEA는 각각 -.048, -.057, 007로 안 좋아지는 것으로 나타났으며, NNFI와 CFI의 경우, 좋은 적합도를 나타내는 기준치 .90에 이르지 못하였다. 따라서 학년별로 절편이 동일하지는 않은 것으로 나타났다.

그 결과 학년에 따라 절편을 동일하게 하였을 경우 모형의 적합도를 현저하게 떨어뜨리는 문항들에 제약을 가하지 않았다. 즉 무능감에 속하는 문항 1번과 문항 5번 그리고 탈진에 속하는 문항 11번과 문항 12번을 학년에 따라 제약을 가하지 않고, 자유롭게 설정하였다. 그 결과 〈표 4-19〉에서 보는 것과 같이 문항 4개를 자유롭게 해 준 모형(부분 절편 동일성)의 경우 측정 동일성 모형에 비해 x^2은 514.0 증가하였으며, *df* 역시 124 증가하였다. 즉 x^2을 검증한 결과, 4개 문항의 절편을 자유롭게 해 주었음에도 불구하고 x^2에서 통계적으로 유의미한 차이가 있는 것으로 나타났으나 x^2은 표집의 크기에 영향을 많이 받으므로 Chen(2007)의 준거를 토대로 모형의 적합도(NNFI, CFI, RMSEA) 변화량 검증을 함께 고려하였다. 그 결과, NNFI, CFI, RMSEA는 각각 -.016, -.021, .003으로 거의 변화가 없는 것을 알 수 있다. 특히 측정 동일성 모형과 비교했을 때 완전 절편 동일성 모형에 비해 x^2의 변화량도 적을 뿐만 아니라 모형의 적합도 지수도 NNFI와 CFI는 적절한 기준치인 .90이상을 보였고, RMSEA 역시 .027로 적합하게 나타났다. 따라서 학년에 따라 1번, 5번, 11번, 12번의 문항을 제외하고 동일하게 했을 때, 절편 동일성이 확인되는 것으로 나타났다.

(4) 문항 잔차 동일성(item residual invariance)

다음으로 학년에 따라 문항 잔차를 동일하게 제약을 가한 문항 잔차 동일성(item residual invariance)을 검증하였다. 즉 학년별로 요인부하량, 절편 그리고 문항 잔차를 동일하게 제약을 가한 후 x^2검증과 모형의 적합도(NNFI, CFI, RMSEA) 검증을 실시하였다. 그 결과 부분 절편 동일성 모형에 비해 x^2은 503.4 증가하였으며, *df* 역시 160 증가하였다. 또한 모형의 적합도 검증에서도 NNFI, CFI, RMSEA는 각각 -.008, -.019, 001로 다소 안 좋아지는 것으로 나타났다. x^2은 표집 크기의 영향을 많이 받고, 모형의 적합도는 NNFI, CFI, RMSEA 모두 많이 변화하지는 않았다. 그러나 NNFI와 CFI의 경우, 좋은 적합도를 나타내는 기준치 .90에 이르지 못하였다. 그 결과 문항의 잔차를 살펴보았을 때, 11번, 16번 그리고 20번 문항의 경우 학년별로 문항 잔차에 동일하게 제약을 가하지 않았을 경우, x^2이 각각 48.1, 47.0, 47.0 만큼 줄어드는 것으로 나타났다. 그러나 x^2에 비해 적합도 지수인 NNFI, CFI, RMSEA는 상대적으로 적게 변화하는 것으로 나타났다.

〈표 4-20〉 학년별(초등학교 4학년－고등학교 3학년) 동일성 검증

	x^2	df	Δx^2	Δdf	NNFI	△NNFI	CFI	△CFI	RMSEA	△RMSEA
형태 동일성	2,781.933	1,440			.914		.928		.025	
측정 동일성	2,988.10	1,568	206.2*	128	.917	.003	.924	-.004	.024	-.001
완전 절편 동일성	4,189.176	1,728	1,201.0**	160	.869	-.048	.867	-.057	.031	.007
부분 절편 동일성#	3,502.10	1,692	514.0*	124	.901	-.016	.903	-.021	.027	.003
문항 잔차 동일성	4,005.50	1,852	503.4*	160	.893	-.008	.884	-.019	.028	.001
변량/공변량 동일성	4,833.70	1,939	828.2*	87	.863	-.030	.844	-.040	.031	.003

학년에 따라 문항 1, 5, 11, 12번의 절편을 제약하지 않음 .
*p<.05, **p<.001

(5) 변량/공변량 동일성(variance/covariance invariance)

학년에 따라 변량과 공변량을 동일하게 제약을 가한 후 동일성 검증을 실시하였다. 즉 학년별로 요인부하량, 절편, 문항 잔차 그리고 변량 및 공변량을 동일하게 제약을 가한 후 x^2검증과 모형의 적합도(NNFI, CFI, RMSEA) 검증을 실시하였다. 그 결과 〈표 4-20〉에서 보는 것과 같이 변량/표 동일성 모형의 경우 문항 잔차 동일성 모형에 비해 x^2은 828.2 증가하였으며, df 역시 87 증가하였다. 즉 x^2 검증한 결과 통계적으로 유의미한 차이가 있는 것으로 나타났다. 또한 모형의 적합도(NNFI, CFI, RMSEA) 검증에서도 NNFI, CFI, RMSEA는 각각 -.030, -.040, .003으로 안 좋아지는 것을 확인할 수 있었다. 특히 NNFI와 CFI는 .90에 미치지 못하는 것으로 나타나 좋은 적합도를 보이지 않았다. 그러나 이 같은 결과는 무능감, 반감, 탈

진 그리고 냉담이라고 하는 소진의 하위요인들이 상관을 가지고 있기 때문일 가능성이 크다. 따라서 요인들 간의 변량 및 공변량이 학년별로 항상 다르다고 볼 수는 없는 것으로 보인다.

3) 잠재평균분석

형태 동일성과 측정 동일성의 가정이 충족이 되고, 절편 동일성의 경우 학업소진의 1번, 5번, 11번, 12번 문항에 학년별로 제약을 가하지 않은 경우 충족하였다. 따라서 학년별로 4개의 문항을 제약하지 않은 상황에서 잠재평균 분석을 실시하였다. 잠재평균분석에서는 상수 1을 각 요인에 대한 독립변수로 사용하는데 여기서 추정되는 회귀계수가 요인의 평균, 즉 잠재평균이 된다(홍세희 등, 2005). 즉 초등학교 4학년 집단을 참조집단으로 하여 평균을 0으로 고정시킨 후 평균 차이를 추정했다(하정・홍세희・유성경, 2005; 한소영・신희천, 2007). 또한 잠재평균 비교 및 잠재평균 차이를 해석하기 위해 Cohen's 효과크기(*d*)를 계산하였다. 그 결과 학년에 따라 소진의 하위요인인 무능감, 반감, 탈진 그리고 냉담에 있어 초등학교 5학년을 제외하고는 통계적으로 유의미한 차이가 모두 있었다. 초등학교 5학년의 경우 무능감만 유의미하게 차이가 있었을 뿐 반감, 탈진 그리고 냉담에서는 차이가 없는 것으로 나타났다. 또한 〈그림 4-3〉에서 보는 것과 같이 학업소진의 하위요인(탈진, 반감, 냉담, 무능감)은 모두 학년이 올라가면서 점차 증가하는 것으로 나타났다.

구체적으로 살펴보면, 무능감은 초등학교 5학년에서 크게 증가하였으며, 냉담과 반감 그리고 탈진은 초등학교 6학년부터 중학교 2학년까지 크게 증가하는 것으로 나타났다. 또한 탈진과 냉담은 중학교

〈표 4-21〉 학년별(초등학교 4학년 – 고등학교 3학년) 학업소진의 변화

		초등학교			중학교			고등학교		
		4학년	5학년	6학년	1학년	2학년	3학년	1학년	2학년	3학년
무능감	평균(M)	.000	.119*	.150*	.159*	.274**	.345**	.450**	.347**	.423**
	표준편차(SD)	.673	.838	.877	.812	.883	.891	.876	.870	.783
	Cohen'*d*		.157	.192	.213	.349	.437	.576	.446	.579
	효과크기(*r*)		.078	.096	.106	.172	.213	.277	.218	.278
반 감	평균(M)	.000	.159	.570**	.996**	1.233**	1.429**	1.470**	1.266**	1.299**
	표준편차(SD)	.952	.938	1.103	.979	.998	1.025	.875	.943	.901
	Cohen'*d*		.168	.553	1.031	1.264	1.445	1.608	1.336	1.402
	효과크기(*r*)		.084	.267	.458	.534	.586	.627	.556	.574
탈 진	평균(M)	.000	.001	.226*	.340**	.411**	.433**	.615**	.593**	.820**
	표준편차(SD)	.840	.766	.979	.931	.948	.968	.933	.814	.874
	Cohen'*d*		.001	.248	.384	.459	.478	.693	.717	.957
	효과크기(*r*)		.001	.123	.188	.224	.232	.327	.337	.431
냉 담	평균(M)	.000	.007	.190*	.308**	.600**	.669**	.558**	.646**	.817**
	표준편차(SD)	.707	.774	.970	.885	.829	.976	.935	.824	.838
	Cohen'*d*		.009	.224	.385	.779	.785	.673	.841	1.054
	효과크기(*r*)		.005	.111	.189	.363	.365	.319	.388	.466

$*p<.05$, $**p<.01$, $***p<.001$

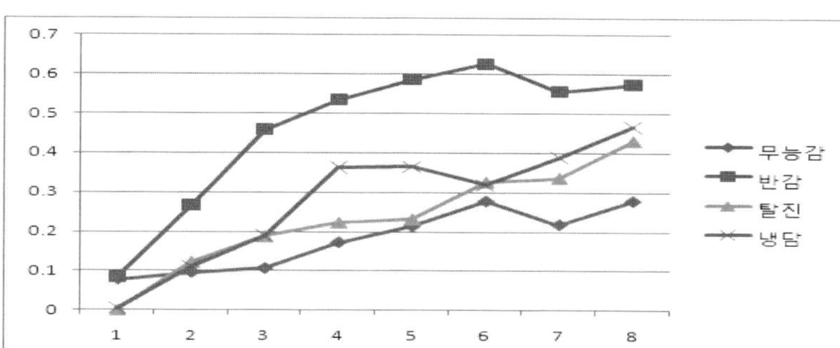

가로축	1	2	3	4	5	6	7	8
효과크기 비교 집단	초4–초5	초4–초6	초4–중1	초4–중2	초4–중3	초4–고1	초4–고2	초4–고3

〈그림 4-3〉 학년별 효과 크기의 변화

3학년과 4학년에서 각각 증가하였다. 이를 하위요인별로 재정리하면, 무능감은 5학년, 중 1 그리고 중 3에서 크게 증가하였다. 즉 무능감은 주기적으로 반복해서 학교가 변화하는 시점(transition)에 특히 증가하는 것을 알 수 있다. 탈진 또한 무능감과 마찬가지로 6학년과 중학교 3학년에서 증가하는 것으로 나타나, 초등학교에서 중학교 그리고 중학교에서 고등학교로 가는 시점 전후에 변화하는 것을 알 수 있다. 그러나 반감과 냉담은 중학교 2학년까지 급격히 증가한 반면 다른 시기에는 상대적으로 변화가 없는 것으로 나타났다.

5. 학업소진모형 분석

기존에 소진의 과정을 설명하는 두 가지 대표적인 이론적 모델(요구통제모형, 노력보상불균형모형)이 학업소진을 어떻게 설명하는지를 알아보았다. 이를 위해 먼저 요구통제모형이 학업소진을 어떻게 설명하는지를 살펴본 후 다음에는 노력보상불균형모형이 학업소진을 어떻게 설명하는지를 살펴보았다. 그리고 마지막으로 요구통제모형과 노력보상불균형모형 중 어느 모형이 학업소진을 더 잘 설명하는지 살펴보았다.

1) 요구통제모형

(1) 학업요구와 통제감의 단순상관

학업요구와 통제감 그리고 학업소진과의 관계를 살펴보기 위하여,

〈표 4-22〉 학업소진의 하위요인과 학업요구 그리고 통제감과의 상관

	탈 진	무능감	반 감	냉 담	학업요구	통제감
탈 진	-					
무능감	.53***	-				
반 감	.63***	.52***	-			
냉 담	.68***	.59***	.65***	-		
학업요구	.32***	.17***	.17***	.13***	-	
통제감	-.11***	-.18***	-.13***	-.21***	.36***	-

*** $p<.001$

먼저 각 변인들 간의 상관관계를 〈표 4-22〉에 기술하였다. 〈표 4-22〉에서 보듯이 학업 요구 변인은 학업소진의 모든 하위변인과 통계적으로 유의미한 정적 상관관계를 나타냈다.

구체적으로 살펴보면, 학업요구는 학업소진의 하위요인 중 탈진과 가장 크게 상관이 있는 것으로 나타났으며($r=.32$, $p<.001$), 그 뒤로는 무능감($r=.17$, $p<.001$), 반감($r=.17$, $p<.001$), 냉담($r=.13$, $p<.001$) 순으로 나타났다.

(2) 학업요구와 통제감의 부분상관

통제감의 경우, 학업소진의 모든 하위변인과 통계적으로 유의미한 부적 상관관계를 나타냈다. 구체적으로 살펴보면, 학업요구가 학업소진의 하위요인 중 탈진과 가장 큰 상관을 보인 반면에 통제감은 냉담과 가장 크게 상관이 있는 것으로 나타났으며($r=-.21$, $p<.001$), 그 다음으로는 학업적 무능감($r=-.18$, $p<.001$), 반감($r=-.13$, $p<.001$) 그리고 탈진($r=-.11$, $p<.001$) 순으로 나타났다. 이와 같은 결과를 종합하여 살펴보면, 학업요구가 높을수록, 통제감이 낮을수록 학업소진은 높아

〈표 4-23〉 통제감을 통제하였을 때 학업소진의 하위요인과 학업요구 간의 부분상관

	탈 진	무능감	반 감	냉 담
탈 진	-			
무능감	.52***	-		
반 감	.62***	.51***	-	
냉 담	.67***	.57***	.65***	-
학업요구	.38***	.26***	.24***	.23***

*** $p<.001$

지는 것을 알 수 있다.

그리고 학업요구와 통제감의 경우, 통계적으로 유의미한 정적 상관관계를 나타냈다($r=.36$, $p<.001$). 즉 학업요구가 높을수록 통제감 역시 같이 높아지는 것으로 나타났다. 이처럼 학업요구와 통제감이 통계적으로 유의미한 정적인 상관관계를 나타냈기 때문에, 부분상관(partial correlations)을 조사하였다.

〈표 4-23〉에서 보듯이 통제감을 통제하였을 때, 학업요구와 학업소진 하위변인들 간에는 통계적으로 모두 유의미한 정적 상관관계를 보였다. 그러나 통제감을 통제하였을 때, 학업요구와 학업소진 간의 상관 정도는 증가하는 것으로 나타났다. 학업요구와 탈진과의 단순상관은 $r=.32(p<.001)$였으나, 통제감을 통제한 후에는 학업요구와 탈진과의 부분상관이 $r=.38(p<.001)$로 증가하였다. 무능감의 경우에도 학업요구와의 단순상관은 $r=.17(p<.001)$로 나타났으나, 통제감을 통제한 후에는 학업요구와 무능감과의 부분상관은 $r=.26(p<.001)$으로 증가하였다. 이 같은 결과를 통해 통제감이 학업과다와 학업소진간의 관계를 약화시키고 있는 것을 알 수 있다.

〈표 4-24〉에서 보듯이 학업요구를 통제하였을 때, 통제감과 학업소진 하위변인들 간에는 통계적으로 모두 유의미한 부적 상관관계를

〈표 4-24〉 학업요구를 통제하였을 때 학업소진의 하위요인과 통제감 간의 부분상관

	탈 진	무능감	반 감	냉 담
탈 진	-			
무능감	.51***	-		
반 감	.61***	.50***	-	
냉 담	.67***	.65***	.65***	-
통제감	-.25***	-.27***	-.21***	-.28***

*** p<.001

보였다. 그러나 학업소진을 통제하였을 때, 통제감과 학업소진 간의 상관 정도는 증가하는 것으로 나타났다. 예를 들면, 통제감과 냉담은 단순상관이 r=-.21(p<.001)이었으나, 학업요구를 통제한 후에는 통제감과 냉담의 부분상관이 r=-.28(p<.001)로 나타났다.

(3) 통제감이 학업과다와 학업소진에 미치는 영향

통제감이 학업과다와 학업소진 사이에서 어떤 역할을 하며, 학업과다와 통제감이 어떠한 경로를 통해 학업소진에 영향을 미치는지를 알아보기 위하여 경로분석을 실시하였다. 즉 경로분석을 통해 통제감이 매개 또는 억제 변인으로서의 기능을 수행하는지 알아보았다.

그 결과 각 변인별 경로계수는 〈표 4-25〉와 같다. 〈표 4-25〉에서 보듯이 각 경로계수는 통계적으로 유의미하였다(p<.01). 그러나 이 경우에서처럼 학업과다가 통제감에 미치는 직접 효과(.35)와 통제감이 학업소진에 미치는 직접효과(-.31)의 곱이 0보다 작을 때 이는 매개효과(mediating effects)가 아닌 억제효과(suppression effects)라고 한다(Cheung & Lau, 2008).

〈표 4-25〉 경로계수

경 로			비표준화 계수	표준화 계수	표준오차	C.R.	p
학업과다	→	통제감	.51	.35	.03	14.88	.000
통제감	→	학업소진	-72	-.31	.06	-12.23	.000
학업과다	→	학업소진	1.16	.35	.08	13.81	.000

이러한 억제효과가 통계적으로 유의미한지를 부트스트래핑(Bootstrapping)을 통해 확인한 결과 학업과다가 학업소진에 미치는 간접효과는 통계적으로 유의미한 것으로 나타났다.

그리고 다중집단구조방정식분석을 통해 이와 같은 결과가 성적에 따라 차이가 있는지를 알아보았다. 성적을 상, 중, 하 집단에 따라 나누어 학업과다, 통제감 그리고 학업소진 간의 관계를 살펴본 결과 성적에 따라 차이가 없는 것으로 나타났다. 즉 〈그림 4-5〉에서 보는 것과 같이, 학업과다가 통제감에 미치는 직접효과, 통제감이 학업소진에 미치는 직접 효과 그리고 학업과다가 학업소진에 미치는 직접효과에는 차이가 없는 것으로 나타났다.

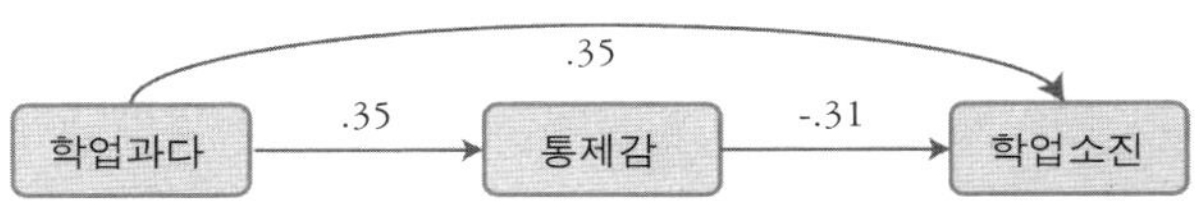

〈그림 4-4〉 학업과다, 통제감, 학업소진 경로분석 결과

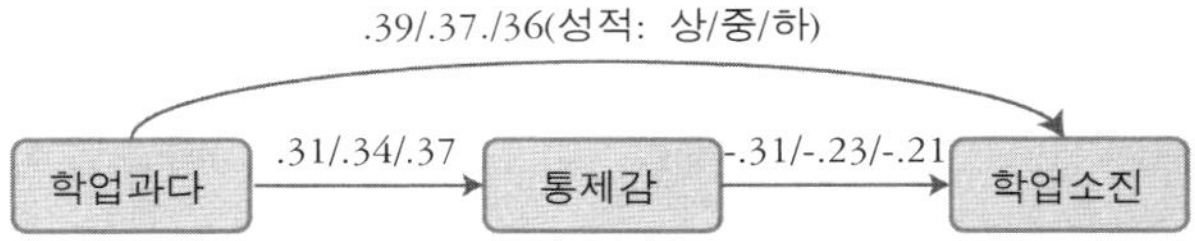

〈그림 4-5〉 학업과다, 통제감, 학업소진 간 다중집단분석 결과

(4) 학업요구와 통제감이 학업소진에 미치는 영향

그 다음으로 학업요구와 통제감이 학업소진에 미친 영향을 알아보기 위해 다중회귀분석(multiple regression analysis)을 실시하였다. 〈표 4-26〉에서 보는 것과 같이 학업요구는 학업소진의 모든 하위요인을 유의미하게 예측하는 것으로 나타났다. 또한 학업요구와 통제감 역시 학업소진의 모든 하위요인을 유의미하게 예측했다. 구체적으로 살펴

〈표 4-26〉 학업소진에 대한 학업요구와 통제감의 다중회귀분석

		변 인	*B*	*SE*	*b*	*t*	R^2	$\triangle R^2$	*F*	$\triangle F$
탈 진	Step1						.10			
		학업요구	.16	.02	.17	6.87***				
	Step2						.16	.06		116.57
		학업요구	.25	.02	.27	10.50***				
		통제감	-.18	.02	-.28	-10.80***				
무능감	Step1						.03			
		학업요구	.19	.03	.17	6.92***				
	Step2						.07	.04		67.75
		학업요구	.28	.03	.25	9.53***				
		통제감	-.17	.02	-.22	-8.23***				
반 감	Step1						.02			
		학업요구	.13	.02	.13	5.24***				
	Step2						.10	.08		130.62
		학업요구	.23	.02	.24	9.17***				
		통제감	-.20	.02	-.30	-11.43***				
냉 담	Step1						.10			
		학업요구	.32	.02	.32	13.06***				
	Step2						.16	.06		101.690
		학업요구	.41	.03	.41	16.19***				
		통제감	-.18	.02	-.25	-10.08***				

*** $p<.001$

보면, 학업요구와 통제감의 학업소진 하위요인에 대한 설명량은 학업요구 단독으로 학업소진의 하위요인을 설명하는 것보다 설명량이 더 큰 것으로 나타났다. 즉 학업요구가 단독으로 설명하는 것보다, 학업요구와 통제감이 함께 작용할 때 학업소진에 대한 설명량이 증가하는 것으로 나타났다. 증가하는 설명량은 다음과 같다〔탈진($\triangle R^2$=.06, p<.05), 무능감($\triangle R^2$=.04, p<.05), 반감($\triangle R^2$=.08, p<.05), 냉담($\triangle R^2$=.06, p<.05)〕. 특히 학업요구와 통제감은 반감과 무능감〔반감(R^2=.08, p<.05), 무능감(R^2=.04, p<.05)〕보다 탈진과 냉담〔탈진(R^2=.07, p<.05), 냉담(R^2=.10, p<.05)〕을 더 많이 설명하는 것으로 나타났다. 게다가 학업요구는 학업소진의 하위요인을 모두 긍정적으로 예측한 반면 통제감은 학업소진의 하위요인을 모두 부정적으로 예측하는 것으로 나타났다. 이러한 결과로 학업요구가 높을수록, 통제감이 낮을수록 학업소진이 높아진다는 것이 예상되며, 그 결과 학업요구와 통제감이 높고 낮음에 따라 학업소진에 미치는 영향을 알 수 있었다.

(5) 학업요구와 통제감의 조합(combination)이 학업소진에 미치는 영향

학업요구와 통제감의 조합(combination)이 학업소진에 미치는 영향을 알아보기 위해 다변량로지스틱분석(multivariate logistic analysis)을 실시하였다. 그 결과 〈표 4-27〉에서 보는 것과 같이 학업요구가 높은 집단과 통제감이 낮은 집단 그리고 학업요구가 높은 집단과 통제감이 낮은 집단은 학업소진의 하위요인 중 무능감(OR=1.48; OR=.60, p<.001)과 반감(OR=1.64, OR=.75, p<.001), 냉담(OR=1.42, OR=.63, p<.001)을 유의미하게 예측하는 것으로 나타났다. 구체적으로 살펴

〈표 4-27〉 학업요구와 통제감에 대한 학업소진의 비율

			탈 진	무능감	반 감	냉 담
	학업요구	통제감				
요구통제 모형 (DCM)	Low	Low	1.00	1.00	1.00	1.00
	High	Low	2.02***	1.48***	1.64***	1.42***
	Low	High	.63***	.60***	.75***	.63***
	High	High	1.45***	1.01	1.09	.95

*** $p<.001$

보면 학업요구가 높고 통제감이 낮은 집단은, 학업요구도 낮고 통제도 낮은 집단(기준집단)에 비해 무능감, 반감 그리고 냉담에 대한 위험률이 약 1.5배 높은 것으로 나타났다. 또한, 학업요구와 통제감의 모든 조합(combination)은 탈진을 유의미하게 예측하는 것으로 나타났다〔학업요구가 높고 통제감이 낮은 집단(OR=2.02, $p<.001$), 학업요구가 낮고 통제감이 높은 집단(OR=.63, $p<.001$), 학업요구와 통제감이 모두 높은 집단(OR=1.45, $p<.001$)〕. 특히 학업요구가 높고 통제감이 낮은 집단은 학업요구도 낮고 통제감도 낮은 집단에 비해 탈진을 약 2.02배 더 많이 경험하는 것으로 나타났다.

2) 노력보상모델

(1) 노력과 보상의 단순상관

노력과 보상 그리고 학업소진과의 관계를 살펴보기 위하여, 먼저 각 변인들 간의 상관관계를 〈표 4-28〉에 기술하였다. 〈표 4-28〉에서 보듯이 노력 변인은 학업소진의 모든 하위변인과 통계적으로 유의미한 정적 상관관계를 나타냈다. 구체적으로 살펴보면, 노력은 학업

〈표 4-28〉 노력, 보상과 학업소진 하위요인과의 단순상관

	탈 진	무능감	반 감	냉 담	노 력	보 상
탈 진	-					
무능감	.53***	-				
반 감	.63***	.52***	-			
냉 담	.68***	.59***	.65***	-		
노 력	.48***	.27***	.30***	.29***		
보 상	-.14***	-.31***	-.20***	-.25***	.28***	

*** $p<.001$

소진의 하위요인 중 탈진과 가장 크게 상관이 있는 것으로 나타났으며($r=.48$, $p<.001$), 그 다음으로는 반감($r=-.31$, $p<.001$), 냉담($r=-.29$, $p<.001$), 무능감($r=-.27$, $p<.001$) 순으로 나타났다.

그리고 보상의 경우, 학업소진의 모든 하위변인과 통계적으로 유의미한 부적 상관관계를 나타냈다. 구체적으로 살펴보면, 노력은 학업소진의 하위요인 중 탈진과 가장 큰 상관을 보인 반면에 보상은 무능감과 가장 크게 상관이 있는 것으로 나타났으며($r=-.31$, $p<.001$), 그 다음으로는 냉담($r=-.25$, $p<.001$), 반감($r=-.20$, $p<.001$) 그리고 탈진($r=-.14$, $p<.001$) 순으로 나타났다. 이와 같은 결과를 종합하면, 노력이 높을수록, 보상은 낮을수록 학업소진은 높아지는 것을 알 수 있다.

그리고 노력과 보상의 경우, 노력이 높을수록 보상 역시 같이 높아지는 통계적으로 유의미한 정적 상관관계를 나타냈다($r=.28$, $p<.001$). 이처럼 노력과 보상이 통계적으로 유의미한 정적인 상관관계를 나타냈기 때문에, 부분상관(partial correlations)을 조사하였다.

(2) 노력과 보상의 부분상관

〈표 4-29〉에서 보듯이 보상을 통제하였을 때, 노력과 학업소진 하위변인들 간에는 통계적으로 모두 유의미한 정적 상관관계를 보였다. 그러나 보상을 통제하였을 때, 노력과 보상의 상관 정도는 증가하는 것으로 나타났다. 즉 노력과 탈진과의 단순상관은 $r=.48(p<.001)$이었으나, 보상을 통제한 후에는 노력과 탈진과의 부분상관이 $r=.55$ $(p<.001)$로 증가하였다. 무능감의 경우에도 노력과의 단순상관은 $r=.27(p<.001)$로 나타났으나, 보상을 통제한 후에는 노력과 무능감과의 부분상관은 $r=.39(p<.001)$로 증가하였다. 이 같은 결과를 통해 보상이 노력과 학업소진 간의 관계를 약화시키고 있는 것을 알 수 있다.

〈표 4-29〉 보상을 통제하였을 때 학업소진의 하위요인과 학업요구 간의 부분상관

	탈 진	무능감	반 감	냉 담	보 상
탈 진	-	$.47^{***}$	$.58^{***}$	$.64^{***}$	$-.32^{***}$
무능감	$.52^{***}$	-	$.47^{***}$	$.56^{***}$	$-.42^{***}$
반 감	$.62^{***}$	$.49^{***}$	-	$.62^{***}$	$-.31^{***}$
냉 담	$.67^{***}$	$.56^{***}$	$.64^{***}$	-	$-.36^{***}$
노 력	$.55^{***}$	$.39^{***}$	$.38^{***}$	$.39^{***}$	-

*** $p<.001$

〈표 4-30〉 노력을 통제하였을 때 학업소진의 하위요인과 학업요구 간의 부분상관

	탈진	무능감	반감	냉담	보상
탈 진	-				
무능감	$.47^{***}$	-			
반 감	$.58^{***}$	$.47^{***}$	-		
냉 담	$.64^{***}$	$.56^{***}$	$.62^{***}$	-	
보 상	$-.32^{***}$	$-.42^{***}$	$-.31^{***}$	$-.36^{***}$	-

*** $p<.001$

〈표 4-30〉에서 보듯이 노력을 통제하였을 때, 보상과 학업소진 하위변인들 간에는 통계적으로 모두 유의미한 정적 상관관계를 보였다. 그러나 노력을 통제하였을 때, 보상과 학업소진의 하위요인과의 상관 정도는 증가하는 것으로 나타났다. 즉 보상과 탈진의 단순상관은 r=-.14(p<.001)이었으나, 노력을 통제한 후에는 보상과 탈진의 부분상관이 r=-.32(p<.001)로 증가하였다. 무능감의 경우에도 보상과의 단순상관은 r=-.31(p<.001)로 나타났으나, 노력을 통제한 후에는 보상과 무능감과의 부분상관이 r=-.42(p<.001)로 증가하였다. 이 같은 결과를 통해 노력이 보상과 학업소진 간의 관계를 약화시키고 있는 것을 알 수 있다.

(3) 노력과 보상이 학업소진에 미치는 영향

그 다음으로 노력과 보상이 학업소진에 미치는 영향을 알아보기 위해 다중회귀분석(multiple regression analysis)을 실시하였다. 〈표 4-31〉에서 보는 것과 같이 노력은 학업소진의 모든 하위요인을 유의미하게 예측하는 것으로 나타났다. 또한 노력과 보상 역시 학업소진의 모든 하위요인을 유의미하게 예측했다. 구체적으로 살펴보면, 노력과 보상의 학업소진 하위요인에 대한 설명량은 노력 단독으로 학업소진의 하위요인을 설명하는 것보다 설명량이 더 큰 것으로 나타났다. 즉 노력이 단독으로 설명하는 것보다, 노력과 보상이 함께 작용할 때 학업소진에 대한 설명량이 증가하는 것이다. 증가하는 설명량은 다음과 같다〔탈진($\triangle R^2$=.08, p<.05), 무능감($\triangle R^2$=.16, p<.05), 반감($\triangle R^2$=.09, p<.05), 냉담($\triangle R^2$=.12, p<.05)〕. 특히 노력과 보상은 탈진보다〔탈진(R^2=.31, p<.05)〕 무능감, 반감 그리고 냉담〔무능감(R^2=.23, p<.05),

〈표 4-31〉 학업소진에 대한 노력과 보상의 다중회귀분석

		변인	B	SE	b	t	R^2	$\triangle R^2$	F
탈 진	Step1						.23		
		노력	.44	.02	.48	21.45***			
	Step2						.31	.08	173.27
		노력	.52	.02	.56	25.37***			
		보상	-.24	.02	-.29	-13.16***			
무능감	Step1						.07		
		노력	.22	.02	.27	10.79***			
	Step2						.23	.16	318.88
		노력	.32	.02	.38	16.31***			
		보상	-.31	.02	-.42	-17.86***			
반 감	Step1						.09		
		노력	.30	.03	.30	12.26***			
	Step2						.18	.09	163.81
		노력	.39	.02	.39	15.92***			
		보상	-.28	.02	-.31	-12.80***			
냉 담	Step1						.08		
		노력	.25	.02	.29	11.85***			
	Step2						.21	.12	231.27
		노력	.34	.02	.39	16.40***			
		보상	-.28	.02	-.36	-15.21***			

*** $p<.001$

반감 (R^2=.18, $p<.05$), 냉담(R^2=.21, $p<.05$)]을 더 많이 설명하는 것으로 나타났다. 게다가 노력은 학업소진의 하위요인을 모두 긍정적으로 예측한 반면 보상은 학업소진의 하위요인을 모두 부정적으로 예측하였다. 이러한 결과는 노력은 높을수록, 보상은 낮을수록 학업소진이 높아진다는 것을 의미한다.

(4) 노력과 보상의 조합(combination)이 학업소진에 미치는 영향

노력과 보상의 조합(combination)이 학업소진에 미치는 영향을 알아보기 위해 다변량로지스틱분석(multivariate logistic analysis)을 실시하였다. 그 결과 〈표 4-32〉에서 보는 것과 같이 노력이 높은 집단과 보상이 낮은 집단 그리고 노력이 높은 집단과 보상이 낮은 집단은 학업소진의 하위요인 중 무능감(OR=1.79; OR=.47, p<.001), 반감(OR=1.83, OR=.57, p<.001), 냉담(OR=1.60, OR=.47, p<.001)을 유의미하게 예측하는 것으로 나타났다. 구체적으로 살펴보면, 노력이 높고 보상이 낮은 집단은 노력도 낮고 보상도 낮은 집단(기준집단)에 비해 무능감, 반감, 냉담에 대한 위험률이 약 1.6−1.8배 높은 것으로 나타났다. 또한, 노력과 보상의 모든 조합(combination)은 탈진을 유의미하게 예측하는 것으로 나타났다[노력이 높고 보상이 낮은 집단(OR=2.65, p<.001), 노력이 낮고 보상이 높은 집단 (OR=.60, p<.001), 노력과 보상이 모두 높은 집단(OR=1.67, p<.001)]. 특히 노력이 높고 보상이 낮은 집단은 노력도 낮고 보상도 낮은 집단에 비해 탈진을 약 2.65배 더 많이 경험하는 것으로 나타났다.

〈표 4-32〉 노력과 보상의 조합이 학업소진의 하위요인에 미치는 비율

			탈 진	무능감	반 감	냉 담
	노력	보상				
노력보상 모델 (ERIM)	저	저	1.00	1.00	1.00	1.00
	고	저	2.65***	1.79***	1.83***	1.60***
	저	고	.60***	.47***	.57***	.47***
	고	고	1.67***	.92	1.14	1.02

*** p<.001

3) 요구통제모델과 노력보상모델

(1) 요구통제비율과 노력보상비율의 단순상관

요구통제모델과 노력보상모델의 조합(combination)이 학업소진에 미치는 영향을 알아보기 위해, 요구통제불균형과 노력보상불균형을 구하였다. 요구통제불균형은 요구가 많은 것에 비해 통제가 적은 것으로 요구통제비율(DCR)로 명명하였으며, 노력보상불균형은 노력이 많은 데 비해 보상이 적은 것으로 노력보상비율(ERR)이라고 명명하였다. 요구통제비율(DCR)과 노력보상비율(ERR)과 학업소진과의 관계를 살펴보기 위하여, 먼저 각 변인들 간의 상관관계를 〈표 4-33〉에 기술하였다. 〈표 4-33〉에서 보듯이 요구통제비율(DCR) 변인은 학업소진의 모든 하위변인과 통계적으로 유의미한 정적 상관관계를 나타낸다. 구체적으로 살펴보면, 요구통제비율(DCR)은 학업소진의 하위요인 중 탈진과 가장 크게 상관이 있으며(r=.34, p<.001), 그 뒤로는 무능감(r=-.27, p<.001), 반감(r=-.25, p<.001), 그리고 냉담(r=-.10, p<.001) 순으로 나타났다. 이 같은 결과는 요구와 통제 간의 불균형이 심할수록 학업소진이 증가한다는 것을 의미한다.

〈표 4-33〉 요구통제비율(DCR)과 노력보상비율(ERR)과 학업소진의 하위요인과의 관계

	탈 진	무능감	반 감	냉 담	DCR	ERR
탈 진	-					
무능감	.53***	-				
반 감	.63***	.52***	-			
냉 담	.67***	.59***	.65***	-		
DCR	.34***	.27***	.25***	.10***	-	
ERR	.49***	.44***	.37***	.42***	.49***	-

*** p<.001

또한, 노력보상비율(ERR) 변인은 학업소진의 모든 하위변인과 통계적으로 유의미한 정적 상관관계를 나타냈다. 구체적으로 살펴보면, 노력보상비율(ERR)은 학업소진의 하위요인 중 탈진과 가장 크게 상관이 있는 것으로 나타났으며(r=.49, p<.001), 그 뒤로는 무능감(r=-.44, p<.001), 냉담(r=-.42, p<.001), 그리고 반감(r=.37, p<.001) 순으로 나타났다. 즉 노력보상 간의 불균형이 심할수록 학업소진이 많이 증가하였다. 그리고 요구통제비율(DCR)과 노력보상비율(ERR) 간의 상관은 .49(p<.001)로 요구통제비율(DCR)이 높을수록 노력보상비율(ERR) 또한 높아지는 것으로 나타났다.

(2) 요구통제비율과 노력보상비율의 부분상관

〈표 4-34〉에서 보듯이 노력보상비율을 통제하였을 때, 요구통제비율과 학업소진 하위변인들 간에는 통계적으로 모두 유의미한 정적 상관관계를 보였다. 그러나 노력보상비율을 통제하였을 때, 요구통제비율과 학업소진의 상관 정도는 감소하는 것으로 나타났다. 즉 요구통제비율과 탈진의 단순상관은 r=.34(p<.001)이었으나, 노력보상비율을 통제한 후에는 요구통제비율과 탈진과의 부분상관이 r=.13 (p<.001)으로 크게 감소하였다. 무능감의 경우에도 노력과의 단순상관은 .27(p<.001)로 나타났으나, 보상을 통제한 후에는 노력과 무능감과의 부분상관은 .07(p<.001)로 크게 감소하였다.

〈표 4-35〉에서 보듯이 요구통제비율을 통제하였을 때, 노력보상비율과 학업소진 하위변인들 간에는 통계적으로 모두 유의미한 정적 상관관계를 보였다. 그러나 요구통제비율을 통제하였을 때, 노력보상비율과 학업소진의 하위요인과의 상관 정도는 감소하는 것으로 나타났

〈표 4-34〉 노력보상비율을 통제했을 때 요구통제비율과 학업소진 간의 부분상관

	탈 진	무능감	반 감	냉 담	DCR
탈 진	-				
무능감	.40***	-			
반 감	.55***	.42***	-		
냉 담	.59***	.50***	.55***	-	
DCR	.13***	.07***	.08***	.10***	-

*** $p<.001$

〈표 4-35〉 요구통제비율을 통제했을 때 노력보상비율과 학업소진 간의 부분상관

	탈 진	무능감	반 감	냉 담	ERI
탈 진	-				
무능감	.49***	-			
반 감	.59***	.48***	-		
냉 담	.64***	.56***	.63***	-	
DCI	.40***	.37***	.30***	.33***	-

*** $p<.001$

다. 즉 보상과 탈진의 단순상관은 $r=-.49(p<.001)$였으나, 요구통제비율을 통제한 후에는 노력보상비율과 탈진과의 부분상관이 $r=-.40$ $(p<.001)$로 감소하였다. 무능감의 경우에도 노력보상비율과 단순상관은 $r=.44(p<.001)$였으나, 요구통제비율을 통제한 후에는 부분상관이 $r=-.38(p<.001)$로 증가하였다.

(3) 요구통제비율과 노력보상비율이 학업소진에 미치는 영향

그 다음으로 요구통제비율과 노력보상비율이 학업소진에 미치는 영향을 알아보기 위해 다중회귀분석(multiple regression analysis)을 실시

하였다. 〈표 4-36〉에서 보는 것과 같이 요구통제비율은 학업소진의 모든 하위요인을 유의미하게 예측하는 것으로 나타났다. 또한 요구통제비율과 노력보상비율 역시 학업소진의 모든 하위요인을 유의미하게 예측했다. 구체적으로 살펴보면, 요구통제비율과 노력보상비율이 학업소진의 하위요인에 대한 설명량은 요구통제비율 단독으로 학업소진의 하위요인을 설명하는 것보다 더 큰 것으로 나타났다. 즉 요구통제비율이 단독으로 설명하는 것보다, 요구통제비율과 노력보상비율이 함께 작용할 때 학업소진에 대한 설명량이 증가했다. 증가하는 설명량은 다음과 같다〔탈진($\triangle R^2$=.14, p<.05), 무능감($\triangle R^2$=.13, p<.05), 반감($\triangle R^2$=.08, p<.05), 냉담($\triangle R^2$=.10, p<.05)〕. 특히 요구통제비율과 노력보상비율은 무능감, 반감 그리고 냉담〔무능감(R^2=.20, p<.05), 반감(R^2=.14, p<.05), 냉담(R^2=.18, p<.05)〕보다 탈진〔탈진(R^2=.25, p<.05)〕을 더 많이 설명하는 것으로 나타났다.

(4) 요구통제비율과 노력보상비율의 조합(combination)이 학업소진에 미치는 영향

요구통제비율과 노력보상비율의 조합(combination)이 학업소진에 미치는 영향을 알아보기 위해 다변량로지스틱분석(multivariate logistic analysis)을 실시하였다. 그 결과 〈표 4-37〉에서 보는 것과 같이 요구통제비율이 높고 노력보상비율이 높은 집단과 요구통제비율이 낮고 노력보상비율이 높은 집단은 학업소진의 하위요인을 모두 통계적으로 유의미하게 예측하는 것으로 나타났다〔탈진(OR=7.79; OR=5.65, p<.001), 무능감(OR=15.13, OR=12.54, p<.001), 반감(OR=15.13, OR=12.54, p<.001) 그리고 냉담(OR=3.54, OR=3.74, p<.001)〕을 유의미

〈표 4-36〉 학업소진에 대한 요구통제비율과 노력보상비율의 다중회귀분석

		변인	B	SE	b	t	R^2	$\triangle R^2$	F	$\triangle F$
탈진	Step1						.11			
		요구통제비율	2.50	.18	.34	14.03***				
	Step2						.25	.14		282.65
		요구통제비율	.93	.19	.13	4.96***				
		노력보상비율	4.90	.29	.43	16.81***				
무능감	Step1						.07			
		요구통제비율	1.82	.17	.27	11.04***				
	Step2						.20	.13		237.05
		요구통제비율	.48	.18	.07	2.70**				
		노력보상비율	4.23	.27	.41	15.40***				
반감	Step1						.06			
		요구통제비율	2.00	.20	.25	9.91***				
	Step2						.14	.08		145.88
		요구통제비율	.67	.22	.08	3.04**				
		노력보상비율	4.16	.34	.33	12.08***				
냉담	Step1						.08			
		요구통제비율	5.90	.17	.29	11.75***				
	Step2						.18	.10		190.88
		요구통제비율	.74	.19	.11	4.00***				
		노력보상비율	4.00	.29	.37	13.82***				

** $p<.01$,*** $p<.001$

〈표 4-37〉 요구통제비율과 노력보상비율의 조합이 학업소진에 미치는 영향

		탈 진	무능감	반 감	냉 담
DCI	ERI				
Low	Low	1.00	1.00	1.00	1.00
High	Low	1.89*	5.06***	1.31	1.42
Low	High	5.65***	12.54***	4.07***	3.74***
High	High	7.79***	15.13***	3.79***	3.54***

*** $p<.001$, *$p<.05$

하게 예측하는 것으로 나타났다. 구체적으로 살펴보면, 요구통제비율이 높고 노력보상비율이 높은 집단은 요구통제비율도 낮고 노력보상비율도 낮은 집단(기준집단)에 비해 탈진과 무능감에 대한 위험률이 각각 7.79배와 15.13배로 매우 높았다. 그 외에 반감과 냉담에 대한 위험률 또한 약 4배에 이르는 것으로 나타났다. 게다가 요구통제비율은 낮고 노력보상비율이 높은 집단은 요구통제비율도 낮고 노력보상비율도 낮은 집단에 비해 탈진과 무능감이 각각 5.65, 12.24배 높은 위험률을 보였으며, 반감과 냉담의 경우 요구통제비율도 높고, 노력보상비율도 높은 집단과 유사한 약 4배의 위험률을 보이는 것으로 나타났다. 이 같은 결과를 통해 요구통제비율과 노력보상비율이 둘 다 클 때 학업소진은 더 심각해짐과 동시에 요구통제비율에 상관없이 노력보상비율이 높을 때도 학업소진이 많이 발생하는 것을 알 수 있다.

4) 연령별 다변량다중회귀분석

(1) 학년별 요구, 통제감, 노력, 보상과 학업소진 간의 관계에 대한 다변량다중회귀분석

연령별로 학업소진에 미치는 요인들을 알아보기 위해, 요구, 통제감, 노력 그리고 보상이 학업소진에 어떤 영향을 미치는지를 다변량다중회귀분석을 통해 알아보았다. 그 결과 〈표 4-38〉에서 보는 것과 같이, 요구, 통제감, 노력, 그리고 보상 요인 중 4학년에서는 단지 노력 요인만이 학업소진에 유의미한 영향을 미치는 것으로 나타났다 (Wilks's lambda=.855, $F(4,119)=5.041$, $p<.001$). 5학년과 6학년에서는 노력 뿐만 아니라 보상 요인이 학업소진에 유의미한 영향을 미치는

〈표 4-38〉 학년별 요구, 통제감, 노력, 보상과 학업소진 간의 관계에 대한 다변량다중회귀 분석

	요 구			통제감			노 력			보 상		
	Wilks's λ	*df*	*F*	*Wilks's λ*	*df*	*F*	*Wilks's λ*	*df*	*F*	*Wilks's λ*	*df*	*F*
4학년	.976	119	.719	.921	119	2.537	.855	119	5.041**	.917	119	2.704***
5학년	.943	160	2.410	.970	160	1.226	.910	160	3.962**	.854	160	6.830***
6학년	.518	208	.246	.978	208	1.190	.887	208	6.655***	.877	208	6.655***
중학교 1학년	.966	158	1.370	.903	158	4.260**	.821	158	8.615***	.761	158	12.383***
중학교 2학년	.967	152	1.297	.860	152	4.179**	.860	152	6.179***	.920	152	3.297***
중학교 3학년	.974	155	1.031	.846	155	7.072***	.809	155	9.137***	.924	155	3.178***
고등학교 1학년	.953	167	2.047	.737	167	5.545***	.737	167	14.927***	.846	167	7.620***
고등학교 2학년	.977	164	.974	.889	164	5.119**	.869	164	6.170***	.902	164	4.437***
고등학교 3학년	.952	172	2.182	.874	172	6.205***	.790	172	11.438***	.911	172	4.206**

$^{**}p<.01$, $^{***}p<.001$

고등학교 3학년까지 요구통제비율보다 노력보상비율이 학업소진을 더 많이 예측했다. 특히 중학교 1학년의 노력보상비율이 학업소진을 가장 많이 예측하는 것으로 나타났다(Wilks's lambda= .729, $F(4,174)$= 11.059, $p<.001$).

(4) 학년별 요구통제비율 및 노력보상비율이 학업소진의 하위요인에 미치는 영향에 대한 다변량다중회귀분석

연이어서 단순다중회귀분석을 통해 요구통제비율과 노력보상비율이 학업소진의 하위요인(무능감, 냉담, 반감, 탈진)에 미치는 영향을 살펴보았다. 먼저 초・중・고에 상관없이 모든 학년에서 노력보상비율은 학업소진의 하위요인(무능감, 냉담, 반감, 탈진)을 모두 예측하는 것으로 나타났다. 그러나 요구통제비율의 경우, 초등학교에서 냉담을 통계적으로 유의미하게 예측하지 못하는 것으로 나타났다. 특히 초등학교 4학년과 초등학교 6학년에서는 학업소진의 하위요인(무능감, 냉담, 반감, 탈진)을 모두 유의미하게 예측하지 못하였다. 이러한 결과를 종합하여 보면, 앞선 결과와 마찬가지로 노력보상비율이 요구통제비율에 비해 학업소진을 더 많이 예측하는 것을 알 수 있다.

〈표 4-40〉 학년별 요구통제불균형비율 및 노력보상불균형비율과 학업소진 하위요인 간의 관계에 대한 다변량다중회귀분석

		요구통제불균형비율			노력보상불균형비율		
		B	SE	t	B	SE	t
초등학교 4학년	무능감	.913	.599	1.524	3.571	1.095	3.261**
	반감	1.200	.521	2.302*	2.736	.953	2.870*
	냉담	.572	.435	1.314	3.115	.796	3.914***
	탈진	-.195	.447	-.438	2.742	.817	3.358**
초등학교 5학년	무능감	1.291	.550	2.349*	3.387	.943	3.590***
	반감	1.387	.644	2.153*	2.215	1.105	2.433*
	냉담	1.038	.504	1.958	3.270	.864	3.783***
	탈진	2.023	.492	4.109***	2.255	.845	2.671*
초등학교 6학년	무능감	-.094	.501	-.187	3.748	.736	5.092***
	반감	1.012	.666	1.519	1.195	.978	1.221
	냉담	.494	.564	.876	3.168	.828	3.826***
	탈진	.310	.574	.541	3.140	.842	3.728***
중학교 1학년	무능감	.114	.452	.251**	4.605	.811	5.680***
	반감	1.712	.527	3.246**	3.759	.946	3.975***
	냉담	.077	.478	.162	5.477	.858	6.385***
	탈진	1.295	.482	2.684**	4.599	.865	5.315***
중학교 2학년	무능감	1.614	.486	3.321*	1.537	.714	2.153*
	반감	.518	.571	.906	2.629	.839	3.133*
	냉담	.972	.477	2.040*	1.403	.700	2.004*
	탈진	1.701	.504	3.379*	2.348	.739	3.176*
중학교 3학년	무능감	1.502	.537	2.798*	2.593	.884	2.934*
	반감	1.456	.610	2.386*	3.722	1.005	3.704***
	냉담	1.496	.570	2.626*	3.872	.938	4.127***
	탈진	1.857	.518	3.583***	4.928	.853	5.776***
고등학교 1학년	무능감	.933	.581	1.607	4.713	.896	5.259***
	반감	1.470	.609	2.415*	3.122	.939	3.324***
	냉담	1.305	.640	2.038*	4.020	.988	4.069***
	탈진	1.346	.603	2.231*	4.994	.931	5.366***
고등학교 2학년	무능감	1.603	.588	2.727*	3.805	.893	4.262***
	반감	1.449	.685	2.116*	2.069	1.040	2.204*
	냉담	1.874	.577	3.249*	2.079	.876	2.373*
	탈진	1.656	.540	3.066*	3.790	.821	4.619***
고등학교 3학년	무능감	1.065	.533	1.997*	4.737	.798	5.932***
	반감	.780	.670	1.164	3.439	1.004	3.427*
	냉담	2.280	.598	3.810***	2.483	.896	2.772*
	탈진	1.212	.598	2.027*	5.186	.895	5.795***

$^{*}p<.05$, $^{**}p<.01$, $^{***}p<.001$

제 5 장
결론 및 논의

1. 결과요약
2. 연구의 의의
3. 연구의 제한점 및 향후 연구를 위한 제언

제5장 결론 및 논의

1. 결과요약

1) 학업소진척도 개발

학생용 소진 척도(Maslach-Burnout Inventory-Student Survey MBI-SS)를 한국의 학생들에 맞게 개발하고, 그 타당성을 검증하였다. 이를 위해 1차로 전국의 중·고등학생 458명을 대상으로 115개 문항에 대해 요인분석한 결과, 설명량, 요인에 포함된 문항 수, 이론적 해석 가능성을 고려하여 최종적으로 5개 요인으로 확정하였다. 즉 탈진, 무능력, 반감, 냉담 그리고 불안 5개 요인으로 나타났으며, 이들 요인은 전체 변량의 총 69.2%를 설명하고 있으며, 척도의 신뢰도 또한 .80 이상으로 높게 나타나 척도로서 양호한 것으로 나타났다. 이렇게 구성된 학업소진척도의 타당성 검증을 위해 확인적 요인분석과 공인 타당도를 실시하였다. 먼저 확인적 요인분석을 한 결과 전반적인 적합도 지수는 수용할 만한 수준이었으나 보다 더 좋은 적합도의 모형을 위해, 보수적으로 기준을 잡아 같은 하위요인 내에서 수정지수(Modification Index)가 10 이상인 경우 수정지수를 통해 미지수를 추정하였다. 그 결과 측정오차항 10쌍에 대해 수정지수를 적용하였으며, 모형의 적합도는 양호한 결과를 보였다. 확인적 요인분석에서 나타난 학업소진의 신뢰도 또한 .92로 높게 나타났다.

그러나 이전에 개발된 척도가 초·중·고등학생에게 적합한지를 알아보기 위해 확인적 요인분석을 실시하였다. 그 결과 처음에 개발되었던 5요인 모델(탈진, 무능감, 반감, 냉담, 불안)과 비교했을 때 불안을 제외한 4요인 모델(탈진, 무능감, 반감, 냉담)이 더 좋은 적합도(fit)를 보였을 뿐만 아니라 명료한 것으로 나타났다. 즉 한국형 학업소진척도(Korean Academic Burnout Inventory; KABI)는 이영복 등(2009)에서 5요인(탈진, 무능감, 반감, 냉담, 불안)으로 개발되었으나 추후 초·중·고등학생을 대상으로 확인적 요인검사를 한 결과 불안은 학업소진척도의 하위 차원으로 적합하지 않은 것으로 나타났다.

결과적으로, 한국형 학업소진척도(KABI)는 탈진, 무능감, 반감, 냉담으로 구성되었다. 구체적으로 살펴보면, 첫 번째 요인은 탈진(exhaustion)이다. 먼저 '탈진'은 "나는 학교 수업이 끝나고 집에 돌아오면 지친다."와 같이 공부 때문에 신체적으로 지치는 문항 총 5개로 구성되었다. 두 번째 요인은 '무능감'으로 "나는 공부에 대한 능력이 없는 것 같다." 등 공부에 대한 부족한 자신감과 같은 문항으로 총 5개로 구성되었다. 그리고 '냉담'은 "나는 내가 하고 있는 공부가 중요한지 의심스럽다." 등 공부에 대한 회의적인 태도로 총 5개 문항으로 구성되었다. 이상의 탈진, 무능감 그리고 냉담은 Schaufeli와 그의 동료들(2002)이 개발한 학업소진척도(Masalch Burnout Inventory; MBI-SS)의 하위요인과 동일하다. 그러나 "나는 공부하기 싫다." 등 공부에 대해 싫어하는 감정으로 총 5개 문항으로 구성된 반감은 기존 척도에 추가된 요인이다. 이상의 4개로 구성된 한국형 학업소진척도

(KABI)의 신뢰도는 .86–90으로 신뢰할 만한 척도로 나타났다. 확인적 요인분석에서도 수정된 5요인 모델은 한국의 초·중·고등학생에게서 모두 좋은 적합도(NNFI, CFI >.90, RMESA <.80)를 보이는 것으로 나타났다.

2) 연령과 학업소진과의 관계

먼저 잠재평균분석을 통해 연령별(초등학교 4학년부터 고등학교 3학년까지) 학업소진 정도의 차이를 분석하였다. 잠재평균분석을 하기 위해 충족되어야 할 조건들을 먼저 살펴보았다. 우선 학업소진의 구인타당도가 잘 확립되어 있는 것으로 나타났다. 즉 수정된 4요인 모델의 경우, 전체 학생을 대상으로 한 샘플(combined sample)에서 모두 적절한 적합도(RMSEA=.025, CFI=.928, TLI=.914)를 보였을 뿐만 아니라 학년별로 살펴보았을 때에도 초등학교 4학년부터 고등학교 3학년까지 모두 적절한 적합도를 보였다(RMSEA: .05–.07, CFI: .90–.95, TLI: .90–.94). 또한 요인부하량 역시 전 학년에 걸쳐 동등한 것으로 나타났다. 그 다음으로 조사한 측정 동일성도 학년별로 요인부하량이 동일한 것으로 나타났다. 그러나 절편 동일성은 초등학교 4학년부터 고등학교 3학년까지 학년별로 조사한 결과 동등하지 않은 것으로 나타났다. 그러나 몇몇 연구자들(Bryne, Shavelson, & Muthen, 1989; Steenkamp & Baumgartner, 1998; Hong, Malik, & Lee, 2003)은, 잠재평균분석을 하기 위해 절편 동일성이 꼭 지지되지 않을 때 부분절편 동일성을 사용할 수 있는 것으로 보고하였다. 그 결과 4문항(1, 5, 11, 12)의 절편 동일성을 해제한 후 잠재평균분석을 실시하였다.

잠재평균분석 결과, 모든 학업소진의 하위요인(탈진, 반감, 냉담, 무능감)은 연령이 증가함에 따라 점차 증가하는 것으로 나타났다. 이는 중학교 3학년 학생들이 중학교 1학년에 비해 학업소진이 더 크다는 기존 연구 결과와(박일경 등, 2010), Salemla-Aro와 그의 동료들(2008)이 학교에서의 냉담과 부적절감의 수준이 학년이 증가함에 따라 증가했다는 결과와 일치한다. 또한, 무능감이 5학년에서 첫 번째로 증가하였으며, 냉담, 반감 그리고 탈진은 초등학교 6학년에서 중학교 2학년까지 증가하는 것으로 나타났다. 그리고 무능감과 탈진은 중학교 3학년에서 고등학교 1학년에 다시 증가하였으며, 이 기간동안 상대적으로 냉담, 반감 그리고 탈진은 변화가 없었다. 이는 초등학교에서 중학교, 중학교에서 고등학교로 바뀌는 기간에(transition period) 학업요구나 과제의 어려움 등으로 학업소진이 급격히 변화하는 것을 의미한다. 이러한 결과는 학업소진 중 냉담과 부적절감이 학교를 바꾸는 기간에 증가하였다는 기존 연구와 일치한다(Salemla-Aro et al., 2008).

그 다음으로 학업소진에 예측변인(요구, 통제감, 노력, 보상)이 연령에 어떠한 영향을 미치는지를 조사하였다. 이를 위해 다변량다중회귀분석을 실시하였으며, 그 후 단일다중회귀분석(univariate multiple regression)이 추가로 실시되었다. 그 결과, 4학년에서는 단지 노력만이 학업소진을 예측하였으며, 5학년과 6학년에서는 노력과 보상이 학업소진을 예측하였다. 또한 중학교 1학년부터는 노력과 보상 외에 통제감도 학업소진을 유의미하게 예측하는 것으로 나타났다. 이러한 결과는 보상과 통제감이 학년이 증가함에 따라 중요한 변인임을 시사한다. 특히 보상의 경우, 좋은 대학을 가기 위해 우수한 성적을 받아야 하는 우리나라의 교육 환경(Han, 2005; Hwang, 2006; Yang et al., 2005)의 영향을 받은 것으로 보인다. 또한 통제감도 중학교부터 그 중요성이 강조되었는데, 이는 자율성의 성취나 다른 사람으로부터 독립하고

자 하는 청소년기의 특징(Fedman & Rosenthal, 1991; Hill, 1980)의 영향인 것으로 보인다.

또한 이를 종합해보면, 보상이 높을수록 학업소진이 감소하는 반면, 노력이 증가할수록 학업소진이 증가하는 것을 알 수 있다. 이러한 결과는 노력과 보상이 소진과 같은 감정적 어려움을 야기할 수 있다는 노력보상불균형(Effort Reward Imbalance) 이론과 일치한다(Bakker, Killmer, Siegrist, & Schaufeli, 2000; Siegriest, 1996; Van Vegchel et al., 2001). 또한 이 연구의 결과는 통제감이 높은 학생들이 학업소진이 감소한다는 것을 시사하고 있다. 이는 요구가 높고 통제감이 낮은 상태(high job strain)가 소진과 같은 심리적 부적응 증상을 야기한다는 기존 연구를 부분적으로 지지한다. 그러나 기존 연구(Karasek & Theorell, 1990; Kim et al., 2010; Schnall et al., 2000)와는 달리 요구는 통제감, 노력, 보상의 요인과 함께 적용했을 때 거의 영향을 미치지 않는 것으로 나타났다.

뿐만 아니라 노력은 모든 학년에서 탈진을 가장 강력하게 예측한 반면, 보상은 무능감을 예측하는 것으로 나타났다. 이러한 결과는 높은 노력이 탈진과 가장 강하게 관련이 있다는 기존 연구를 지지하며(Demerouti, Bakker, Nachreiner, & Schaufeli, 2001; Van Vegchel, De Jonge, Bakker, & Schaufeli, 2002), 보상은 개인적 성취감에 영향을 준다는 기존 연구와 일치한다(Jackson et al., 1986; Maslach, 1982; Schwab, Jackson & Schuler, 1986).

3) 학업소진경로모형

우리나라 학생(초등학교 4학년부터 고등학교 3학년까지)들의 학업소진을 설명하는 심리적 메커니즘을 알아봄으로써 학업소진이 어떠한 경로를 통해 나타나는지 알아보고자 하였다. 기존 연구에 의하면 소진을 설명하는 대표적인 심리적 메커니즘으로는 요구통제모형(Demand Control Model)과 노력보상불균형모형(Effort Reward Imbalance Model)이 있는 것으로 보고되고 있다(Calnan, Wainwright, & Almond, 2000; De Jonge, Bosma, Peter, & Siegrist, 2000; Ota, Masue, Yasuda, Tsutsumi, Mino, & Ohara, 2004). 따라서 본 연구에서는 요구통제모형과 노력보상불균형모형 각각이 학업소진을 어떻게 설명하고 있는지 그리고 요구통제모형과 노력보상불균형을 조합시켰을 때 학업소진을 어떻게 설명하고 있는지를 살펴보았다.

먼저 요구통제모형을 살펴본 결과, 우리나라 학생들은 요구통제모형의 다른 조건(예: 요구가 높고, 통제가 높은 조건)보다 요구가 높고 통제가 낮은 조건에서 학업소진을 더 많이 경험하는 것으로 나타났다. 이러한 결과는 요구가 높고 통제가 낮았을 때 우리나라 학생의 학업소진의 위험률이 큰 것을 의미하는 것으로 이는 요구가 높고 통제가 낮은 상황(high job strain)이 소진과 같은 부적응적인 증상을 증가시킨다는 기존 연구를 지지하는 것이다. 그러나 요구통제모형에서 주로 가정하고 있는 상호작용가설은 현재 연구에서 지지되지 않았다. 상호작용가설에 따르면, 요구가 높고 통제가 높은 조건에 있는 개인들이 높은 연구에 잘 대처할 수 있기 때문에 적응력이 높은 결과를 보여야 한다(De Jonge, Dollard, Dormann, Le Blanc, & Houtman, 2000; Karasek, 1979; Meijman, Ulenbelt, Lumens, & Herber, 1996). 그러나 우리나라 학생들은 요구가 높고 통제가 높은 조건에서 상대적으로 높은 학업소진을 경험하고 있는 것으로 나타났다. 이는 우리나라 학생들이 높은 통제감을 갖고 있을 때조차 학업소진을 완전히 피할 수 없기 때문인 것으로 보인다. 이러한 결과는 요구통제모형을 바탕으로 경로분석을 한 결과에서도 동일하게 나타났다. 즉 경로분석을 실시한 결과, 본 연구에서는 학업요구가 통제감에 미치는 직접 효과와 통제감이 학업소진에 미치는 직접효과의 곱이 0보다 작은 것을 통해 통제감이 학업과다와 학업소진 간의 관계에서 억제변인으로 기능하는 것을 확인하였다. 이는 통제감이 학업요구와 학업소진 간의 관계를 완화시켜주는 역할만을 한다는 것을 의미한다.

다음으로, 노력보상불균형모형을 살펴본 결과, 우리나라 학생들은 노력이 높고 보상이 낮은 상황에서 학업소진을 가장 많이 경험하는 것으로 나타났다. 즉 노력과 보상의 불균형(즉 노력이 높고 보상이 낮은 조건)은 학업소진의 위험률을 높이는 것을 의미하며, 이러한 결과는 노력보상불균형이론(ERI)의 중심 개념, 즉 노력과 보상의 상호교환의 부족이 소진과 같은 정서적 · 심리적 어려움을 초래한다는 것과 일치한다(Bakker, Killmer, Siegrist, & Schaufeli, 2000; Siegrist, 1996; Van Vegchel et al., 2001). 특히 우리나라 학생들은 보상과 상관없이 노력을 많이 하는 조건에서는 무능감, 냉담, 반감보다 탈진을 더 많이 경험하는 것으로 나타났다. 이러한 결과는 노력을 많이 하는 것이 탈진과 관련이 높다는 기존 연구를 부분적으로 지지한다(Demerouti, Bakker, Nachreiner, & Schaufeli, 2001; Van Vegchel, De Jonge, Bakker, & Schaufeli, 2002).

마지막으로 요구통제모형과 노력보상불균형모형을 조합하여 살펴본 결과, 요구통제모형과 노력보상불균형모형을 개별적으로 적용한 것보다 학업소진을 더 많이 설명하는 것으로 나타났다. 즉 우리나라 학생들의 학업소진은 요구통제비율이 높고(요구가 높고 통제가 낮은 집단), 노력보상비율이 낮은(노력은 높고 보상은 낮은 집단) 상황에서 학업소진을 가장 많이 보이는 것으로 나타났다. 이러한 결과는 요구통제모형과 노력보상불균형모형이 서로 보완적이어서 모형 각각보다 더 소진과 같은 심리적·신체적 부적응을 잘 설명한다는 기존 연구 결과와 일치한다(Calnan, Wadsworth, May, Smith, & Wainwright, 2004; Ota, Masueb, Yasudaa, Tsutsumic, Minod, & Oharaa, 2005). 또한 요구통제 비율이 낮고(요구가 낮고 통제가 높은 집단), 노력보상비율이 높은(노력이 낮고 보상은 높은 집단) 상황이 요구통제비율이 높고 노력보상비율이 낮은 상황보다 학업소진을 더 많이 예측하는 것으로 나타났다. 이러한 결과는 노력보상비율이 높은 조건이 요구통제비율이 높은 조건과 비교했을 때 우리나라 학생의 학업소진을 더 악화시키는 것을 의미하며, 이는 요구통제모형과 노력보상모형을 비교한 대부분의 연구에서 노력보상모형이 다양한 부적응적 증상(예: 소진, 심리장애)을 더 강하게 예측한다는 기존 연구를 지지하는 결과이다(Bosma, Peter, Siegrist, & Marmot, 1998; Ostry et al., 2003; Stansfeld, Bosma, Hemingway, & Marmot, 1998). 결과적으로, 노력보상불균형모형은 학업소진을 가장 적절하게 설명하는 것으로 보인다. 현재의 연구 결과는 이전에 요구통제모형과 노력보상모형에 대한 대부분의 연구들이 서비스 직업을 대상으로 한 연구라는 점을 고려한다면, 노력보상불균형모형은 그 대상을 학생, 즉 학생의 학업소진을 설명하는 것으로 확장했다는 점에서 중요한 의미를 가지고 있다.

2. 연구의 의의

본 연구는 우리나라 학생들의 학업소진의 과정 및 경로모형을 파악하고자 하였으며, 이 과정에서 몇몇 중요한 함의점을 제공해주고 있다. 첫째, 본 연구는 우리나라 학생들을 위한 신뢰롭고 타당한 학업소진척도를 개발하고 타당화시켰다는 데 그 의의가 있다. 기존에 Schaufeli 등(2002)이 개발한 학업소진척도(Maslach Burnout Inventory-Student Survey; MBI-SS)는 주로 대학생을 대상으로 개발되고 타당화되었다(Schaufeli et al., 2002; Zhang, Gan, Zhang, 2005). 그러나 한국형 학업소진척도(Korea Academic Burnout Inventory; KABI)는 초등학생에서부터 고등학생까지 타당화함으로써 초·중·고등학생이 모두 사용할 수 있다는 데 그 의의가 있다.

둘째, 다음으로 본 연구에서 개발된 학업소진척도는 한국 학생들이 갖고 있는 고유한 특성을 반영했다는 데 그 의의가 있다. 몇몇 연구들(이자영·남숙경·최보영·이지희·박양민·이상민, 2009; 조긍호, 1997; Russell, 1991)에 따르면, 척도는 문항 및 구성의 개념이 언어나 문화 등에 따라 다르게 해석될 수 있기 때문에 문화적 특수성을 고려해야 한다고 하였다. 이러한 점을 고려한다면, 본 연구는 기존의 학업소진척도를 그대로 사용한 것이 아니라 우리나라 청소년을 대상으로 학업소진이 나타날 때의 다양한 증상을 질문하고 이를 척도화함으로써 우리나라의 특수성을 반영했다는 데 그 의의가 있다. 즉 기존 학업소진척도가 탈진, 냉담 그리고 무능감으로 구성되었던 것과는 달리 우리나라 학생들의 경우 학업소진의 또 다른 증상으로 반감이 추가되었다. 즉 반감이 학업소진의 주요 증상으로 나타났는데, 이는 서양의 청소년에 비해 우리나라 청소년들이 학교 및 학업에 대해 부정적인 태도가 강하다는 기존 연구(Diener, Suh, Smith, & Shao, 1995; Lee, 1999; Lee & Larson, 2000)에서도 알 수 있듯이 우리나라 청소년들은 과도한 학업스트레스, 경쟁적 분위기 등으로 인해 학업에 대해 강한 부정적인 감정을 갖고 있다는 것을 시사하는 결과라 할 수 있다.

셋째, 본 연구는 학업소진과 관련된 국내외 연구가 거의 없는 시점에서 한국의 중 · 고등학생에게 적합한 학업소진척도를 개발하고 타당화함으로써 국내 학업소진 연구의 중요한 출발점이 되리라 생각한다. 즉 1980년대에 소진(burnout)이라는 용어가 일에서 지치고 힘든 상태를 의미하는 용어로 널리 쓰이게 되면서 국내에서는 주로 교사, 간호사, 사회복지사, 상담가 등 인간서비스 계통의 전문직에 종사하는 사람들이 경험하는 소진에 대한 연구가 수행되었다(박재순, 2002; 박헌애, 1999; 여선영, 2005; 유성경 · 박성호, 2002; 이자영 · 남숙경 · 박희락 · 김동현 · 이미경 · 이상민, 2008; 이혜련 · 김봉환, 2004). 그러나 본 연구에서는 소진의 개념을 학생에게까지 확대하여 적용함으로써 학업스트레스가 심한 우리나라 학생들의 소진 양상을 이해하는 기초를 마련했다는 점에서 의미가 있다.

넷째, 지금까지의 연구는 학업스트레스가 인지, 정서 그리고 행동 등에 미치는 연구들로 제한되어 있었다(박성희 · 김희화, 2008; 한태영, 2005; Misara & Mckean, 2000). 그러나 본 연구는 학업소진척도를 개발함으로써 국내의 학업소진에 대한 연구를 확대하고 학업으로 인해 학생들에게 나타나는 다양한 소진 양상을 이해하는 데 도움이 될 수 있다.

다섯째, 본 연구를 통해 개발된 초 · 중 · 고등학생을 대상으로 한 한국판 학업소진척도는 학교현장에서 유용하게 사용할 수 있을 것이다. 학생들 중 학업으로 인한 스트레스가 심해 소진상태를 경험하고 있는 학생들이 누군지 파악하고 판별할 경우에도 이용할 수 있으며, 교사가 학업스트레스를 호소하는 학생들을 심층적으로 진단하는 도구로도 사용할 수 있을 것이다. 또한 교사가 학업소진 문제에 대해 개별적인 생활지도 혹은 상담적 개입을 한 후 그 개입의 효과를 살펴볼 때도 사용할 수 있을 것이다. 학업에 대해 교사가 부모와 토론할 때 역시 본 도구는 학생들의 현재의 학업에 대한 심리적 상태에 대해 보여주는 유용한 준거자료로 활용될 수 있다는 데 그 의미가 있다.

여섯째, 본 연구는 요구-통제모형에서 직무에 대한 요구가 많을수록 그리고 개인이 통제를 하지 못할수록 그리고 노력은 많이 하는데 보상이 적을수록 소진이 증가한다는 기존의 요구-통제모형(DCM) 이론과 일치하는 것이다(Beehr et al., 2001; Kristensen, 1999; Schnall, Landsbergis, & Baker, 1994; Van der Doef & Maes, 1999). 따라서 기존에 일반 직장인(De Jonge et al., 2000; Lange, Taris, Kompier, Houtman, & Bongers, 2002), 경찰공무원(이강훈, 2008), 교사(Peeters & Rutte, 2005), 간호사나 건강관리전문가(박상언 · 한수정, 2006; Westman & Bakker, 2008) 등 성인의 소진을 설명해온 것으로 알려졌던 요구통제모형(DCM)과 노력보상불균형모형(ERIM)이 성인뿐만 아니라 학생을 대상으로 한 학업소진도 역시 설명이 가능하다는 것을 확인할 수 있었다.

일곱째, 본 연구의 결과는 교사 및 상담자가 학업소진의 과정을 이해함으로써 학업소진의 예방 및 개입하기 위한 결정적인 시점을 파악하는 데 도움이 될 수 있을 것으로 보인다. 즉 본 연구에서는 초등학교에서 중학교 그리고 중학교에서 고등학교로 전환되는 시점에서 학업소진이 많이 증가하는 것을 알 수 있었다. 따라서 이러한 시기에 교사 및 상담자는 학업소진을 예방하기 위해 더 많은 노력을 기울여야 할 것이며, 교육 정책자나 행정가 역시 멘토링 프로그램이나 학업 소진 예방 프로그램 등을 이 시기에 더욱 활성화할 필요가 있을 것으로 보인다.

여덟째, 상담 프로그램을 개발하는 데 활용할 수 있을 것이다. 지금까지의 학업상담 및 지도 프로그램은 주로 공부 방법, 집중력, 성취도 등에 초점을 두었었다(김만권 · 이기학, 2003; 한국청소년상담원, 한국심리자문연구소, 2007). 그러나 앞서 언급했듯이 통제감은 학업과다와 학업소진 간에 억제변인으로 기능함으로써 학업과다와 학업소진의 관계를 약화시키고 있으며, 보상 역시 학업소진을 감소시키는 데 효과가 있는 것으로 나타났다. 그 결과 통제감을 향상시키고 노력에 대한 적절한 보상을 주는 것이 학업소진을 줄이는 데 도움이 될 것이며, 동시에 통제감이 자신의 학업에 대한 결정권(자율권)이라는 측면에서 학습 동기나 학업 성취도 또한 증가하리라 예상된다. 따라서 추후 학습에 대한 통제감을 증진시킬 수 있는 학업 상담프로그램, 적절한 보상에 대한 지침서 등이 개발된다면 학업소진을 예방하고 적절한 시점에 개입하는 데 도움이 될 것이다.

3. 연구의 제한점 및 향후 연구를 위한 제언

이와 같은 중요한 의의에도 불구하고, 본 연구가 지니는 제한점과 후속 연구를 위한 제언을 하면 다음과 같다. 먼저 학업소진척도의 개발을 위해 본 연구에 참여한 청소년이 제한적이라는 것이다. 예비 조사에서 소진이 많을 것으로 예상되는 고등학생이 제외된 채 문항이 제작되었으며, 온라인 표집을 통해 전국적인 표집을 시도하였지만 지역이나 계층을 완전히 반영하지는 못하였다. 특히 한국이 지역별·계층별로 부모의 교육열이나 교육환경과 여건의 차이가 있을 수 있다는 점을 고려해서, 추후 연구에서는 지역별·계층별로 표집하여 척도를 타당화 및 표준화하는 것이 필요하다.

다음으로 이 연구는 학업소진의 과정을 알아보기 위해 초등학교 4학년부터 고등학교 3학년까지 조사하였으나 종단연구를 하지 못했다는 한계를 가지고 있다. 따라서 추후 연구에서는 종단연구를 통해 학업소진의 발달양상이나 특징에 대해 추적하고 이를 통해 보다 더 정확히 학업소진을 이해하고 개입할 수 있는 체계적인 연구를 할 필요가 있다.

또한 본 연구는 자기보고식 설문지로 실시되었다. 자기보고식 설문지의 특성상 참가자가 연구의 목적이나 가설을 짐작하여 고의적으로 혹은 무의식적으로 대답을 왜곡시킬 가능성을 배제하기가 어려우며, 이는 특히 일반적으로 사회가 요구하는 긍정적인 방향으로 응답했을 가능성을 내포한다. 또한 외현적인 행동의 측면을 직접 측정하기가 곤란하며, 문항 답안에 대한 평가에 있어 객관성이 부족하다는 제한점도 가지고 있다. 그러므로 추후 연구에서는 자기보고식 설문지 외에도 제3자의 시각에서 상담자의 행동에 대한 관찰을 통한 소진정도의 측정 또는 혈압 등의 생물학적 스트레스 측정 등의 다양한 방법을 활용함으로써 보다 객관적인 결과를 획득할 필요가 있다.

마지막으로 본 연구에서는 학업소진을 설명하는 심리학적 메커니즘에 대한 이론으로 요구통제모형과 노력보상모형을 사용하였다. 그러나 그 외에 많은 연구자들(Brotheridge & Lee, 2002; De Lange, Taris, Kompier, Houtman, & Bongers, 2003; Rydstedt, Devereux, & Sverke,

2007; Shiroma, Tokera, Berlinerb, & Shapira, 2008)은 요구통제지지모형(Demand-Control- Support Model; Johnson & Hall, 1988)이나 자원보존모형(Conservation of Resources Model; Hobfoll, 1988, 1989)의 중요성을 강조하고 있다. 뿐만 아니라 기존 연구를 살펴보면, 요구, 통제감, 노력, 보상 외에 사회적 지지, 외향성 등이 소진을 줄일 수 있는 것으로 알려져 있다(Eastburg, Williamson, Gorsuch., & Ridley, 1994; Huebner & Mills, 1994; Jacob & Dodd 2003; Mills & Huebner, 1998). 따라서 추후 연구에서는 본 연구에서 살펴본 요구통제모형과 노력보상불균형모형에 기초로 한 변인들 외에 학업소진에 영향을 미칠 것으로 예상되는 다양한 요인, 즉 부모의 학업 기대, 사회적 지지, 성격 등 개인적인 변인들이 함께 고려되어야 할 것으로 보인다.

그러나 이와 같은 제한점에도 불구하고 본 연구는 다양한 대상의 소진연구 중에서 학업소진에 초점을 두고 요구통제가 소진에 미치는 영향을 규명했다는 데 큰 의의가 있으며, 학업과다와 학업소진 간의 관계에서 통제감이 억제효과를 가진다는 것을 증명하였다는 데 그 의의가 있다. 따라서 학업이 과다한 우리나라 청소년의 경우, 통제감을 향상시킴으로써 학업소진을 예방 및 개입할 수 있을 것으로 보이며, 이러한 결과는 학교나 상담 현장에서 학업소진 학생을 많이 접하는 교사 및 상담자에게 도움이 될 것으로 보인다.

곽경미(2007). "고등학생의 학업스트레스 요인과 대처방식 및 증상 분석". 금오공과대학교 교육대학원 석사학위논문.

강동묵 외(2005). 『직무스트레스의 현대적 이해』. 서울: 고려의학사.

김계현 외(2000). 『학교상담과 생활지도』. 서울: 학지사.

김동일 외(2008). "청소년 인터넷 중독 자가진단 척도 고도화 연구". 한국정보문화진흥원.

김아영(2002). "학업동기 척도 표준화 연구". 『교육평가연구』, 15(1), 157-184.

김아영(2008). "한국사회와 교육적 성취: 한국청소년의 학업성취: 한국청소년의 학업동기 발달". 『한국심리학회지: 사회문제』, 14(1), 111-134.

김민애 · 이상민 · 신효정 · 박양민 · 이자영(2010). "과중한 학업요구와 학업소진과의 관계: 통제감의 역할을 중심으로". 『한국심리학회지: 학교』, 7(1), 69-84.

김은정 · 이세용 · 오승근(2003). "한국판 청소년 인터넷 중독 척도의 타당화". 『한국심리학회지: 임상』, 22(1), 125-140.

김만권 · 이기학(2003). "자기조절학습전략 프로그램이 학업성취와 심리적 특성에 미치는 효과". 『한국심리학회지: 상담 및 심리치료』, 15(3), 491-504.

박상언 · 김주엽 · 김민용(2005). "소진에 대한 직무요구, 직무통제 그리고 사회적 지원의 효과". 『인사관리연구』, 29(2), 25-57.

박상언 · 한수정(2006). "직무요구-통제 모형에 의한 간호사의 소진(Burn-out)에 관한 연구". 『병원경영학회지』, 11(2), 32-60.

박성희 · 김희화(2008). "초등학생과 중학생의 학업스트레스와 학습된 무력감 간의 관계". 『청소년학연구』, 15(3), 159-182.

박량희 · 유태용(2007). "개인의 성격, 직무 요구, 직무 통제가 직무 스트레스에 미치는 영향". 『한국심리학회지: 산업 및 조직』, 20(1), 1-20.

박영신 · 김의철 · 민병기(2002). "부모의 사회적 지원, 청소년의 자기효능감과 생활만족도 변화에 대한 종단자료 분석과 생활만족도 형성에 대한 구조적 관계분석". 『교육심리연구』, 10(3), 37-59.

박외숙(1980). "Spielberger의 상태, 특성불안과 학업성적과의 관계연구". 숙명여자대학교 대학원 석사학위논문.

박일경 · 이상민 · 최보영 · Yuanying Jin · 이자영(2010). "5요인 성격특성과 학업 소진과의 관계". 『한국심리학회지: 사회 및 성격』, 24(1), 81-94.

박헌애(1999). "특수학교 교사와 특수학급교사의 소진에 관한 연구". 단국대학교 석사학위 논문

여선영(2005). "아동상담자의 자아탄력성 및 사회적 지지와 심리적 소진과의 관계". 숙명여자대학교 대학원 석사학위논문.

유성경 · 박성호(2002). "상담환경의 위험요소, 지각된 사회적 지지가 상담자의 심리적 소진에 미치는 영향". 『한국상담심리학회지 상담 및 심리치료』, 14(2), 389-400.

윤은주(2008). "상담자 소진에 대한 체험분석". 숙명여자대학교 대학원 박사학위논문.

이강훈(2008). "경찰공무원의 탈진에 관한 연구: 직무요구-통제-지지 모델을 중심으로". 『한국경찰회부』, 10(1), 185-206.

이경숙 · 김정호(2000). "학업스트레스 대처훈련이 고등학생 학업스트레스와 학업성취에 미치는 효과". 덕성여자고등학교 덕성여자대학교 심리학과 졸업 논문.

이경희(1995). "부부간 친밀감 척도개발에 관한 연구". 『대한가정학회지』, 104(8), 235-249.

이영복(2009). "청소년의 학업 소진 척도 개발 및 타당화 연구". 고려대학교 교육대학원 석사학위논문.

이영복 · 이상민 · 이자영(2009). “학업소진척도 개발”. 『한국교육학 연구』. 15(3), 59-78.

이지현(2008). “한국 고등학생의 영어학업 성취도와 학습 동기 및 책략 사용과의 관계”. 인하대학교 석사학위논문.

이경희 · 김광웅(1996). “청소년의 스트레스와 대처에 관한 연구”. 『대한가정학회지』, 34(6), 127-139.

이자영 · 남숙경 · 박희락 · 김동현 · 이미경 · 이상민(2008). “상담경력과 상담자소진과의 관계: 한국과 미국상담자 비교연구”. 『한국심리학회지: 상담 및 심리치료』, 20(1), 23-42.

이혜련 · 김봉환(2004). “직업상담원의 소진현상과 작업환경과의 관계”. 『한국심리학회지: 상담 및 심리치료』, 16(4), 597-611.

오미향(1993). “어휘 의미 지도에 관한 연구”. 연세대 석사학위논문.

오미향 · 천성문(1994). “청소년의 학업스트레스 요인 및 증상 분석과 그 감소를 위한 명상훈련의 효과”. 『인간이해』(서강대학교 학생생활상담연구소), 15, 63-96.

정의숙(2007). “중학생의 학업스트레스 및 학업불안과 빗속의 사람그림 반응특성에 관한 연구”. 영남대학교 환경보건대학원 석사학위논문.

정은주(2000). “교사용 아동 우울 성향 척도의 개발 연구”. 고려대학교 석사학위논문.

정현숙 · 정문자(1995). “청소년의 긴장원 분석”. 『한국심리학회지: 발달』, 8, 148-158.

조성일(2005). “직무 스트레스의 두 모형 비교: 요구–통제 모형과 노력–보상 불균형 모형”. 『스트레스 연구』, 13(2), 49-57.

조긍호(1997). “문화유형과 정서의 차이: 한국인의 정서 이해를 위한 시론”. 서울대사회과학연구소. 『심리과학』, 6(2), 1-43.

최승혜(2008). “고등학생의 학업스트레스원과 증상에 관한 연구”. 대진대학교 교육대학원 석사학위논문.

최원기(2004). “청소년 자살의 사회구조적 원인 연구”. 『사회복지정책』, 18, 5-30.

최인재(2006). “부모-자녀간 의사소통 유형이 청소년기 자녀의 자아분화와 우울 및 불안에 미치는 영향”. 한국심리학회: 임상 심리학회: 포스터발표; 『연차학술대회 논문집』 제2006권, 682-684.

통계청(2007). 2007 청소년 통계. 서울: 저자.

통계청(2010). 2009 청소년 통계. 서울: 저자.

하정・홍세희・유성경(2005). “아동-청소년용 한국형 남녀평등의식검사(KGES-AC) 타당화”. 『한국심리학회지』, 24(2), 105-127.

한국교육과정평가원(2005). 우리나라 중・고등학생의 학업 성취도 국제수준. 서울: 저자.

한국청소년상담원, 한국심리자문연구소(2007). 한국 신나는 학습 클리닉 전문가양성교육(4단계): 프로그램 사례보고서.

한소영・신희천(2007). “커플 기본 심리적 욕구 중요성 척도의 다집단 요인분석과 잠재평균분석”. 『한국심리학회지 상담 및 심리치료』, 19(2), 447-465.

한태영(2005). “청소년의 학교장면 스트레스: 성격 및 정서지능의 조절효과”. 『한국심리학회지: 학교』, 2(2), 177-197.

현주・차정은・김태은(2006). “학교급별 성취목표지향성이 자기효능감과 학교적응에 미치는 영향”. 『교육심리연구』, 20(2), 443-465.

홍광식・岡安孝弘・津田彰(1994). “학교스트레스의 비교연구: 한국과 일본의 초・중학생을 중심으로”. 『초등교육연구』, 8(1), 95-108.

홍상미(2006). “중학생 인터넷 과다 사용자의 인터넷 사용조절 및 학업스트레스 대처 집단 상담 효과”. 고려대학교 석사학위논문.

홍창희・한규석(2007). “한국 정서표현성척도의 개발 및 타당화 연구”. 『한국심리학회: 사회 및 성격』, 21(4), 133-148.

홍세희(2000). “구조 방정식 모형의 적합도 지수 선정기준과 그 근거”. 『한국심리학회지』, 19(1), 161-177.

홍세희・황매향・이은설(2005). “청소년용 여성 진로장벽 척도의 잠재평균분석”. 『교육심리연구』, 19(4), 1159-1177.

홍영수(2004). “청소년의 자살행동에 대한 생활스트레스 및 자기존중감의 영향". 『한국청소년연구』, 40, 153-182.

황혜정(2006). "초등학생과 중학생의 스트레스와 이에 영향을 미치는 변인에 관한 연구". 『초등교육연구』, 19(1), 193-215.

Alspaugh, J. W., & Harting, R. D. (1995). "Transition effects of school grade-level organization on student achievement". *Journal of Research and Development in Education, 28*(3), 145-149.

Anderman, E. M., & Maehr, M. L. (1991). "Motivation and schooling in the middle grades". *Review of Educational Research, 64,* 287-309.

Andrews, B., & Wilding, J. M. (2004). "The relation of depression and anxiety to life-stress and achievement in students". *British Journal of Psychology, 95,* 508-521.

Arbuckle, J. L. (2003). *Amos5.0 Update to the Amosuse's guide.* Chicago, IL:SPSS Inc.

Arthur, N. M. (1990). "The assessment of burnout: A review of three inventories useful for research and counseling". *Journal of Counseling & Development, 69*(4), 186-189.

Aunola, K., Leskinen, E. & Nurmi J-E. (2006). "Developmental dynamics between mathematical performance, task motivation, and teachers' goals during the transition to primary school". *British Journal of Educational Psychology, 76,* 21-40.

Bakker, A. B., Killmer, C. H., Siegrist, J., & Schaufeli, W. B. (2000). "Effort-reward imbalance and burnout among nurses". *Journal of Advanced Nursing, 31,* 884-891.

Bakker, A. B., Schaufeli, W. B., Demerouti, E., Janssen, P. P. M., Hulst, R. V. D., & Brouwer, J. (2000). "Using equity theory to examine the difference between burnout and depression". *Anxiety, Stress & Coping, 13,* 247-268.

Balogun, J. A., Helgemoe, S., Pellegrini, E., & Hoeberlein, T. (1996). "Academic performance is not a visible determinant of physical therapy student' burnout". *Perceptual and Motor Skills, 83,* 21-22.

Battistich, V, Solomon, D, Watson, M, & Schaps, E (1997). "Caring school communities". *Educational Psychologist, 32*(3), 137-151.

Beehr, T. A., Glaser, K. M., Canali, K. G., & Wallwey, D. A. (2001). "Back to basics: Re-examination of Demand-Control Theory of occupational stress". *Work and Stress, 15*(2), 115-130.

Bellingrath, S., Weigl, T., & kudielka, B. M. (2008). "Cortisol dysregulation in school teachers in relation to burnout, vital exhaustion, and effort-reward-imbalance". *Biological Psychology, 78*(1), 104-113.

Bosma, H., Peter, R., Siegrist, J., & Marmot, M. (1998). "Two alternative job stress models and the risk of coronary heart disease". *American Journal of Public Health, 88,* 68-74.

Brotheridge, C. M., & Lee, R. T. (2002). "Testing a conservation of resources model of the dynamics of emotional labor". *Journal of Occupational Health Psychology, 7,* 57-67.

Bryne, B. M., Shavelson, R. J., & Muthen, B. (1989). "Testing for the equivalence of factor covariance and mean structures: The issue of partial invariance". *Psychological Bulletin, 105,* 456-466.

Caldas, S. J., & Bankston, C. L. (1997). "The effect of school population socioeconomic status on individual student academic achievement". *Journal of Educational Research, 90,* 269-277.

Calnan, M., Wadsworth, D., & Almond, S. (2000). "Job strain, effort-reward imbalance and mental distress: A study of occupations in general medical practice". *Work and stress, 14,* 297-311.

Calnan, M., Wadsworth, D., May, M., Smith, A., & Wainwright, D. (2004). "Job strain, effort-reward imbalance and stress at work". *Journal of Public Health,* 84-93.

Chambel, M. J., & Curral, L. (2005). "Stress in academic life: Work characteristics as predictors of student well-being and performance". *Applied Psychology: An International Review, 54*(1), 135-147.

Chen, K. M., Snyder, M., & Krichbaum, K. (2002). "Translation and equivalence: The Profile of Mood States Short Form in English and Chinese". *International Journal of Nursing Studies,* 39, 619-624.

Chen, F. F. (2007). "Sensitivity of goodness of fit indexes to lack of measurement invariance". *Structural equation modeling, 14*, 464-504.

Cheon, M. F. (1994). *The stress factor of elementary school students.* Unpublished Master Thesis. Korea National University of Education, Chung-buk, Korea.

Cheung, G. W., & Rensvold, R. B. (2002). "Evaluating goodness-of-fit indexes for testing measurement invariance". *Structural Equation Modeling: A Multidisciplinary Journal, 9*(2), 233-255.

Cordes, C. L., Dougherty, T. W., & Blum, M. (1997). "Patterns of burnout among managers and professionals: A comparison of models". *Journal of Organizational Behavior, 18,* 685-701.

Cosmides, L., & Tooby, J. (1992). "Neurocognitive adaptations designed for social exchange". *The handbook of evolutionary psychology,* 584-626.

Crosnoe, R., Johnson, M. & Elder, G. (2004). "School size and the interpersonal side of education". *Social Science Quarterly, 85*(5), 1259-1274.

De Lange, A.H., Taris, T.W., Jansen, P., Kompier, M.A.J., Houtman, I.L.D. & Bongers, P.M. (in press): "Reciprocal relationships among work characteristics and learning-related behavior: A life-span perspective". *Journal of Occupational Health Psychology, 8*(4), 282-305.

De Jonge, J., Bosma, H., Peter, R., & Siegrist. J. (2000). "Job strain, effort-reward imbalance and employee well-being: a large scale cross-sectional study". *Social Science & Medicine, 50,* 1317-1327.

De Jonge, J., Dollard, M. F., Dormann, C., Le Blanc, P. M.,& Houtman, I. L. D. (2000). "The Job Demand-Control Model: Specific demands, specific control, and well-defined groups". *International Journal of Stress Management, 7,* 269-287.

De Lange, A. H., Taris, T. W., Kompier, M. A., Houtman, I. L., & Bongers, P. M. (2003). "The very best of the millennium": Longitudinal research and the Demand-Control-(Support) Model. *Journal of Occupational Health Psychology, 8*(4), 282-305.

Demerouti, E., Bakker, A. B., Nachreiner, F., & Schaufeli, W. B. (2001). "The job demands-resources model of burnout". *Journal of Applied Psychology, 86,* 499-512.

Demerouti, E., Verbeke, W. J. M. I., & Bakker, A. B. (2005). *Journal of Management, 31*(2), 186-209.

Diener, E., Suh, E. M., Smith, H., & Shao, L. (1995). "National differences in reported well-being: Why do they occur?". *Social Indicators Research, 34,* 7-32.

Dormann, C., Le Blanc, P. M., & Houtman, I. L. (2000). "The Demand-Control Model: Specific demands, specific control, and well-defined groups". *International Journal of Stress Management, 7,* 269-287.

Dragano, N., He, Y., Moebus, S., Jöckel, K. H., Erbel, R. & Siegrist, J. (2008). "Two models of job stress and depressive symptoms. Results from a population-based study". *Social Psychiatry and Psychiatric Epidemiology, 43*(1), 72-78.

Eastburg, M. C., Williamson, M., Gorsuch, R., and Ridley, C. (1994). "Social support, personality, and burnout in nurses". *Journal of Applied Social Psychology, 24*(14), 1233-1250.

Eccles, J. S., Wigfield, A., Harold, R., & Blumenfeld, P. B. (1993). "Age and gender differences in children's self-and task perceptions during elementary school". *Child Development, 64,* 830-847.

Eccles, J. S., & Midgley, C. (1989). "Stage/environment fit: Developmentally appropriate classrooms for early adolescence". In Ames, R. E., and Ames, C. (eds.), *Research on Motivation in Education*, 3, 139-186. Academic Press, NewYork.

Eccles, J. S., Midgley, C., Buchanan, C. M., Flanagan, C., Mac Iver, D., Reuman, D., & Wigfield, A. (1993). "Development during adolescence: The impact of stage/environment fit". *American Psychologist, 48,* 90-101.

Edelwich, A., & Brodsky, D. (1980). *Burnout: Stages of disillusionment in the helping professions.* New York: Pergamon Press.

Elias, M. J., Gara, M., & Ubriaco, M.(1985). "Sources of Stress and Support in Children's Transition to Middle School: An Empirical analysis". *Journal of Clinical Child and Adolescent Psychology, 14*(2), 112-118.

Elkind, D. (1981). *The hurried child.* London, UK: Addison Wesley.

Enzmann, D., Schaufeli, W. B., Janssen, P. & Rozeman, A. (1998). "Dimensionality and validity of the burnout measure". *Journal of Occupational and Organizational Psychology, 71,* 331-351.

Evangelia, Bakker, A. B., Nachreiner, F., & Schaufeli, W. B. (2001). "The job demands-resources model of burnout". *Journal of Applied Psychology, 86*(3), 499-512.

Farber, B. A., & Heifetz, L. J. (1982). "The process and dimensions of burnout in psychotherapists". *Professional Psychology, 13*(2), 293-301.

Feldman, S. S., & Rosenthal, D. A. (1991). "Age expectations of behavioral autonomy in Hong Kong, Australian, and American Youth: The influence of family variables and adolescents' values". *International Journal of Psychology, 26,* 1-23.

Farber, B. A. (1984). "Stress and burnout in suburban teachers". *Journal of Educational Research, 77*(6), 325-331.

Freudenberger, H. J. (1974). "Staff burnout". *Journal of Environmental Issues, 30,* 159-165.

Gaines, J., & Jermier, J. M. (1983). "Emotional exhaustion in a high stress organization". *Academy of Management Journal, 26,* 567-586.

Gan, Y., Shang, J. Y., & Zhang, Y. G. (2007). "Coping flexibility and locus of control As predictors of burnout among Chinese college students". *Social Behavior and Personality: An International Journal, 35*(8), 1087-1098.

Ge, X., Lorenz, F. O., Conger, R. D., Elder, G. H., & Simons, R. L. (1994). "Trajectories of stressful life events and depressive symptoms during adolescence". *Developmental Psychology, 30,* 467-483.

Goldstein, S. E., Davis-Keen, P. E., & Eccles , J. S. (2005). "Parents, peers, and problem behavior: A longitudinal investigation of the impact of relationship perceptions and characteristics on the development of adolescent problem behavior".

Developmental Psychology, 41(2), 401-413.

Gold, Y., Bachelor, P., & Michael, W. B. (1989). "The dimensionality of a modified form of the Maslasch Burnout Inventory for university students in a teacher-training program". *Educational and Psychological Measurement, 49,* 549-561.

Golembicwski. R. T., Munzenrider. R. F., & Stevenson, J. G. (1986). *Stress in organizations: toward a phase model of burnout.* NewYork: Praegcr.

Golembiewski, R. T., & Munzenrider, R. F. (1988). *Phases of burnout: Developments in concepts and applications.* NewYork: Praeger.

Golembiewski, R. T., Scherb, K., & Boudreau, R. A. (1993). "Burnout in cross-national settings: Generic and model-specific perspectives". In W. B. Schaufeli, C. Maslach, & T. Marek (Eds.), *Professional burnout: Recent developments in theory and research* (pp.217-236). Washington, DC: Taylor & Francis.

Gryskiewicz, N., & Buttner, E. H. (1992). "Testing the robustness of the progressive phase burnout model for a sample of entrepreneurs". *Educational and Psychological Measurement, 52,* 747-751.

Haboush, J. (1991). "Confucianization of Korean society". In G. Rozman (ED). *The East Asian region: Confucian heritage and its modern adaptation*(pp.84-110), Princeton, NJ:Princeton University Press.

Halbesleben, J. R. B., & Bowler, W. M. (2007). "Emotional exhaustion and job performance: The mediating role of motivation". *Journal of Applied Psychology, 91,* 93-106.

Han, T. Y. (2005). "Adolescents' stress at school: Moderation effects of personality and emotional intelligence". *The Korean Journal of School Psychology, 2*(2), 177-197.

Hancock, G. R. (1997). "Structural equation modeling methods of hypothesis testing of latent variable means". *Measurement and Evaluation in Counseling and Development, 30,* 91-105.

Health and Welfare Canada (1983). *Adolescents face stressful life changes.* Health Educ, Fall, 8-12.

Hill, J. (1980). *Understanding Early Adolescence: A Framework.* Chapel

Hill, NC: The Center for Study of Early Adolescence.

Hobfoll, S. E. (1988). *The Ecology of Stress.* Washington, DC: Hemisphere Publishing Company. "Conservation of resources: a new attempt at conceptualizing stress". *American Psychologist, 44*(3), 513-524.

Hobfoll, S. (1989). "Conservation of resources: A new attempt at conceptualizing stress". *American Psychologist, 44,* 513-524.

Hobfoll, S. E., & Freedy, J. (1993). "Conservation of resources: A general theory applied to burnout". In W. B. Schaufeli, C. Maslach, & T. Marek (Eds.) *Professional burnout: Recent developments in theory and research*(pp.115-135). NewYork: Taylor& Francis.

Hong, S., Malik, M. L., & Lee, M. K. (2003). "Testing configural, metric, scalar, and latent mean invariance across genders in sociotropy and autonomy using a non-Western sample". *Educational and Psychological Measurement, 63*(4), 636-654.

Hu, L. T., & Bentler, P. (1995). "Evaluating model fit". In R. H. Hoyle (Ed.), *Structural equation modeling: Concepts, issues, and applications*(pp.76-99). London, UK: Sage.

Hu, Q., & Schaufeli, W. B. (2009). "The Factorial Validity of the Maslach Burnout Inventory-Student Survey in China". *Psychological Report, 105,* 394-408.

Huebner, E. S., & Mills, L. B. (1994). "Burnout in school psychology: The contribution of personality characteristics and role expectations". *Special Services in the Schools, 8,* 53-67.

Hwang, H. J. (2006). "A study on the stress and its relative effects of variables among children and adolescents". *The Journal of Elementary Education, 19*(1), 193-215.

Hwang, Y. S. (1996). *The academic achievement, self-concept and stress of elementary school students and middle school students.* Unpublished Master Thesis, Hanyang University, Seoul, Korea.

Jacobs, S. R., & Dodd, D. K. (2003). "Student burnout as a function of personality, social support, and workload". *Journal of College Student Development, 44*(3), 291-303.

Jackson, R. D., Pinter, P. J., Jr., Reginato, R. J., & Idso, S. B.

(1986). "Detection and evaluation of plant stresses for crop management decisions". IEEE Trans. *Geosci. Remote Sens, 24,* 99-106.

Jayaratne, S., & Chess, W. A. (1983). Job satisfaction and burnout in social work. (book chapter) *in Stress and burnout in the human services profession*. Farber, B. A. (ed.). New York: Pergamon.

Jessor, R. (1991). "Risk behavior in adolescents: a psycho social framework for understanding and action". *Journal of Adolescent Health, 12,* 597-605.

Johnson, J. V., & Hall, E. M. (1988). "Job strain, work place social support, and cardiovascular disease: a cross-sectional study of a random sample of the Swedish working population". *American Journal of Public Health, 78,* 1336-1342.

Jones, J. W. (1980). *The staff burn out scale for health professionals.* London House, Park Ridge, IL.

Juon, H. S., Shin, Y., & Nam, J. J. (1995). "Cigarette smoking among Korean adolescents: prevalence and correlates". *Adolescence, 30*, 631-642.

Karasek, R. (1979). "Job demands, job decision latitude, and mental strain: Implication for job redesign". *Administrative Science Quarterly,* 285-308.

Karasek, R. & Brisson, C. (1998). "An Instrument for Internationally Comparative Assessment of Psychological Job Characteristic". *Journal of Occupational Health Psychology, 3*(4), 322-355.

Karasek, R. A., & Theorell, T. (1990). *Healthy work: stress, productivity and the reconstruction of working life.* Basic books.

Kasen, S., Johnson, J., & Cohen, P. (1990). "The impact of school emotional climate on student psychopathology". *Journal of Abnormal Child Psychology, 18,* 165-177.

Kiuru, N., Aunola, K., Nurmi, J.-E., Leskinen, E., & Salmela-Aro, K. (2008). "Peer group influence and selection in adolescents' school burnout: A longitudinal study". *Merrill-Palmer Quarterly, 54,* 23-55.

Kline, R. B. (1998). *Principles and practice of structural equation modeling.* New York: Guilford.

Koeske, G. F. & Koeske, R. D. (1991). "Underestimation of social support buffering". *Journal of Applied Behavioral Science, 27*(4), 475-489.

Kristensen, N. P., & Skalski, A. W. (1999). "Phylogeny and paleontology".(pp 7-25) in: *Lepidoptera: Moths and Butterflies. 1. Evolution, Systematics, and Biogeography*. Handbook of Zoology Vol. IV, Part 35. N. P. Kristensen, ed. De Gruyter, Berlin and New York.

Karasek, R. (1979). "Job demands, job decision latitude, and mental strain: Implication for job redesign". *Administrative Science Quarterly,* 285-308.

Karasek, R. A., & Theorell, T. (1990). *Healthy work: stress, productivity and the reconstruction of working life.* Basic books. New York.

Kim, M. A., Lee, S. M., Shin, H. J., Park, Y, M., & Lee, J. Y. (2010). "The relationship between academic demand and academic burnout: the role of control". *The Korean Journal of School Psychology,* 7(1), 91-106.

Kim, S. J. (2001). *A Study on the Influences of the Stressors from Schoolon Problem Behavior in Middle School and High School Students-focusing on the stress coping strategies.* Unpublished Master Thesis. Yonsei University, Seoul, Korea.

Kiuru, N., Aunola, K., Nurmi, J.-E., Leskinen, E., & Salmela-Aro, K. (2008). "Peer group influence and selection in adolescents' school burnout: A longitudinal study". *Merrill Palmer Quarterly, 54,* 23-55.

Kivinen, O., Ahola, S., & Hedman, J. (2001). "Expanding education and improving odds? Participation in higher education in Finland in the 1980s and 1990s". *Act a Sociologica, 44*(1), 71-181.

Koeske, G. F. & Koeske, R. D. (1991). "Underestimation of social support buffering". *Journal of Applied Behavioral Science, 27*(4), 475-489.

Larson, R., & Ham, M. (1993). "Stress and "storm and stress" in early adolescence: The relationship of negative events with dysphoric affect". *Developmental Psychology, 29,* 130-140.

Lee, C., J., (2005). "Perspective Korean Education Fever and Private Tutoring". *KEDI Journal of Educational Policy, 2*(1), 1-10.

Lee, K. H., & Kim, K. W. (1996). "A study on main stress and coping of adolescents". *Journal of the Korean Home Economics Association, 34*(6), 127-139.

Lee, M., & Larson, R. (2000). "The Korean "examination hell": Long hours of studying, distress, and depression". *Journal of Youth and Adolescence, 29,* 249-272.

Lee, R. T., & Ashforth, B. E. (1993). "A longitudinal study of burnout among supervisors and managers: Comparisons between the Leiter and Maslach (1988) and Golembiewski et al. (1986) models". *Organizational Behavior and Human Decision Processes,* 54, 369-398.

Lee, S. M., Baker, C. R., Cho, S. H., Heckathorn, D. E., Holland, M. W., Newgent, R. A., et al. (2007). "Development and initial psychometrics of he Counselor Burnout Inventory". *Measurement and Evaluation in Counseling and Development, 40,* 142-154.

Lee, J., Puig, A., Kim, Y., Shin, H., & Lee, S. M. (2010). "Academic burnout profiles in Korean adolescents". *Stress and Health Journal, 26*, 404-416.

Lehrman-Waterman, D. E., & Ladany, N. (2001). "Development and validation of the Evaluation Process Within Supervision Inventory". *Journal of Counseling Psychology, 48,* 168-177.

Leiter, M. P. (1989). "Conceptual implications of two models of burnout: A response to Golembiewski". *Group & Organization Studies, 14,* 15-22.

Leiter, M. P., & Durup, J. (1994). "The discriminant validity of burnout and depression: A confirmatory factor analytic study". *Anxiety, Stress and Coping, 7,* 357-373.

Leiter, M. P., & Maslach, C. (1988). "The impact of interpersonal environment of burnout and organizational commitment". *Journal of Organizational Behavior, 9,* 297-308.

Leiter, M. P., & Schaufeli, W. B. (1996). "Consistency of the burn-out construct across occupations". *Anxiety, Stress and Coping, 9,* 229-243.

Lepper, M. R. Corpus, J. H., & Iyengar, S. S. (2005). "Intrinsic and extrinsic motivational orientations in the classroom: Age differences and academic correlated". *Journal of Educational Psychology, 97*(2), 184-196.

Li, J. C. (2005). "Development of psychology in the field of physical education". *Journal of Wuhan Institute of Physical Education, 39*(9), 45-49.

Li, J., Yang, W., & Cho, S. (2006). "Gender differences in job strain, effort-reward imbalance, and health functioning among Chinese physicians". *Social Science & Science,* 1066-1077.

Linnakylä, P. & Malin, A. (2008). "Finnish students' school engagement profiles in the light of PISA 2003". *Scandinavian Journal of Educational Research, 52,* 583-602.

Loo, R. (2004). "A typology of burnout types among police managers". *Policing, 27,* 156-165.

Maehr, M. L., & Midgley, C. (1996). *Transforming school cultures.* Boulder, CO, US: Westview.

Marmot, M., Siegrist, J., Theorell, T., & Feeney, A. (1999). "Health and the psychosocial environment at work". *Social determinants of health,* 105-131.

Marsh, H. W., & Hocevar, D. (1985). "The application of confirmatory factor analysis to the study of self-concept: First and higher order factor structures and their invariance across age groups". *Psychological Bulletin, 97,* 562-582.

Martínez, I., Marques, A., Salanova, M., & Lopez da Silva., A. (2002). "Burnout en estudiantes universitarios de España y Portugal" [Burnout among university students in Spain and Portugal] . *Ansiedady Estrés, 8,* 13-23.

Maslach, C. (1982). *Burnout: The cost of caring.* Mahwah, NJ: Prentice-Hall, Inc.

Maslach, C., & Jackson, S. E. (1981). *Maslach burnout inventory* (2nd). Palo Alto, CA: Consulting Psychologists Press.

Maslach, C., & Leiter, M. (1997). *The truth about burnout: How organizations cause personal stress and what to do about it.* SanFransisco, CA: Jossey-Bass.

Maslach, C., & Schaufeli, W. B. (1993). *Historical and Conceptual Development of Burnout. Professional Burnout:* Recent Developments in Theory and Research, edited by Schaufelietal., Washington, D. C.: Taylor and Francis, 1-18.

Maslach, C., Jackson, S. E., & Leiter, M. P. (1997). *Maslach burnout inventory:* Third edition. In C. P. Zalaquett & R. J. Wood (Eds.), *Evaluating stress: A book of resources.*(pp.112-145). Lanham, MD: Scare crow Press.

Maslach, C., Schaufeli, W. B., & Leiter, M. P. (2001). "Job burnout". *Annual Review of Psychology, 52,* 397-422.

McCarthy, M. E., Pretty, G. M., & Catano, V. (1990). "Psychological sense of community and student burnout". *Journal of College Student Development, 31,* 211-216.

Medin, J., Ekberg, K., Nordlund, A., & Eklund, J. (2008). "Organizational change job strain and increased risk of stroke? A pilot study". *A Journal of Prevention,* 443-449.

Meier, S. F. & Schmeck, R. R. (1985). "The burned-out college student: a descriptive profile". *Journal of College Student Personnel, 1,* 63-69.

Meijman, T. F., Ulenbelt, P., Lumens, M. E. G. L., & Herber. R. F. (1996). "Behavioral determinants of occupational exposure to chemical agents". *Occupational Health,* 104-113.

Mills, L. B., & Huebner, E. S. (1998). "A prospective study of personality characteristics, occupational stressors, and burnout in school psychology practitioners". *Journal of School Psychology, 36*(1), 103-120.

Misra, R., & McKean, M. (2000). "College students' academic stress and its relation to their anxiety, time management, and leisure satisfaction". *American Journal of Health Studies, 16*(1), 41-51.

Murberg, T. A., & Bru, E. (2004). "The relationships between negative life events, perceived support in the school environment and depressive symptoms among Norwegian senior high school students: a prospective study". *Social psychology of Education, 12*(3), 361-370.

Neumann, Y., Finaly-Neumann, E., & Reichel, A. (1990). "Determinants and consequences of students' burnout in universities". *The Journal of Higher Education, 61*(1), 20-31.

Nho, C. (1999). "Psychological well-being of Korean American and Korean immigrant adolescents in the New York City area". Columbia.

Niedhammer, I., Chanstang, J. F., David, S., Barouhile, L., & Barrandon, G. (2006). "Job-strain and Effort–Reward Imbalance Models in a Context of Major Organizational Changes". *Psychosocial Work Environment and Mental Health, 12*(2), 112-119.

Noh, H. S. (1986). *The self - concept, stress, adjustment of middle school students.* Unpublished Master Thesis, Seoul National University, Seoul, Korea.

Ostry, A. S., Kelley, S., Demers, P. A., Mustard, C., & Hertzman, C. (2003). *A comparison between the effort-reward imbalance and demand-control models(on-line)*. BMC Public Health.

Ota, A., Masue, T., Yasuda, N., Tsutsumi, A., Mino, Y., & Ohara, H. (2004). "Association between psychosocial job characteristics and insomnia: an investigation using two relevant job stress models-the demand-control-support (DCS) model and the effort-reward imbalance (ERI) model". *Sleep Medicine,* 353-358.

Paterniti, S., Niedhammer, I., Lang, T., & Consoil, Sl. (2002). "Psychosocial factors at work, personality traits and depressive symptoms". *British Journal of Psychiatry, 181,* 111-117.

Peeters, M. A. G., & Rutte, C. G. (2005). "Time management behavior as a moderator for the job demand-control interaction". *Journal of Occupational Health Psychology, 10*(1), 64-75.

Peter, R., Siegrist, J,. Hallqvist, J., Reuterwall, C., Theorell, T., & Group, S. S. (2002). "Psychosocial work environment and myocardial infarction: Improving risk estimation by combining two complementary job stress models in the SHEEP study". *Journal of Epidemiology and Community Health, 56,* 294-300.

Pines, A. M., & Aronson, E. (1988). *Career burnout: Causes and cures.*

New York: Free Press.

Pines, A. M., Aronson, E., & Kafry, D. (1981). *Burnout: From tedium to personal growth.* New York: Free Press.

Pines, A. M. (1988). *Keeping the spark alive: preventing burnout in love and marriage.* New York St. Martin's press. "Teacher burnout: a psychodynamic existential perspective, Teachers and teaching". *Theory and practice, 8,* 121-140.

Pines, A. M., & Maslach, C. (1978). "Characteristics of staff burn-out in mental health settings". *Hospital & Community Psychiatry, 29,* 233-237.

Ramist, L. (1981). "College student attrition and retention". *Findings (ETS), 6,* 1-4.

Roelofs, J., Verbraak, M., Keijsers, G. P. J., De Bruin, M. B. N., & Schmidt, A. J. M. (2004). "Psychometric properties of a Dutch version of the Maslach Burnout Inventory-General Survey (MBI-DV) in individuals with and without clinical burnout". *Stress and Health, 21,* 17-25.

Roeser, R. W., and Eccles, J. S. (1998). "Adolescents' perceptions of middle school: Relation to longitudinal changes in academic and psychological adjustment". *Journal of Research on Adolescence, 8,* 123-158.

Rydstedt, L. W., Devereux, J., & Sverke, M. (2007). "Comparing and combining the demand control-support model and the effort reward imbalance model to predict long-term mental strain". *European Journal of Work and Organizational Psychology, 16,* 261-278.

Salmela-Aro, K., Kiuru, N., & Nurmi, J. E. (2008). "The role of educational track in adolescents' school burnout: A longitudinal study". *British Journal of Educational Psychology, 78,* 663-689.

Savicki, V., & Cooley, E. J. (1994) "Burnout in child protective service workers: A longitudinal study". *Journal of Organizational Behavior, 15*(7), 655-666.

Schaufeli, W. B., Enzmann, D., & Girault, N. (1993). "Measurement of burnout a review". In W. B. Schaufeli, C. Maslach, & T. Marek (Eds), *Professional burnout recent developments in theory and research*.(pp.119-215). Washington, DC: Taylor & Frances.

Schaufeli, W. B., Leiter, M. P., Maslach, C., & Jackson, S. E. (1996). Maslach Burnout Inventory-General Survey. In C. Maslach, S. E. Jackson, & M. P. Leiter (Eds.), *The Maslach Burnout Inventory: Test manual* (3rd ed., pp. 22–26). Palo Alto, CA: Consulting Psychologists Press.

Schaufeli, W. B., Martez, I. M., Marques Pinto, A., Salanova, M. & Bakker, A. B. (2002). "Burnout and engagement in university students: A cross-national study". *Journal of Cross-Cultural Psychology, 33,* 464-481.

Schaufeli, W. B., Salanova, M., GonzAilez-RomA, V., & Bakker, A. (2002). "The measurement of burnout and engagement: A confirmatory factor analytic approach". *Journal of Happiness Studies, 3,* 71-92.

Schaufeli, W. B., & Van Dierendonck, D. (1995). "A cautionary note about the cross-national and clinical validity of cut-off point for the Maslach Burnout Inventory". *Psychological Reports, 76,* 1083-1090.

Schnall, P., Belkic, K., Landsbergis, P., & Baker, D. (2000). "The workplace and Cardiovascular Disease". *Occupational Medicine, 15,* 1-5.

Schnall, P., Landsbergis, P., Belkic, K., Warren, K., Schwartz, J., & Pickering, T. (1998). "Findings in the Cornell University ambulatory blood pressure work site study: a review". *Homeostasis. 38,* 195-215.

Schmitz, N., Neumann, W., & Oppermann, R. (2000). "Stress, burnout and locus of control in German nurses". *International Journal of Nursing Studies, 37,* 95-99.

Schutte, N., Toppinnen, S., Kalimo, R. & Schaufeli, W. B. (2000). "The factorial validity of the Maslach Burnout Inventory-General Survey across occupational groups and nations". *Journal of Occupational and Organizational Psychology, 73,* 53-66.

Seidman, E., Allen, L., Aber, J. L., Mitchell, C., & Feinman, J. (1994). "The impact of school transitions in early adolescence on the self-system and perceived social context of poor urban youth". *Child Development, 65,* 507-522.

Seyle, H. (1974). *Stress Without Distress.* J. B. Lippincott, Philadelphia, PA.

Shiroma, A., Tokera, S., Berlinerb, S., & Shapira, I. (2008). "The Job Demand-Control-Support Model and stress-related low-grade inflammatory responses among healthy employees: A longitudinal study". *Work and Stress, 22*(2), 138-152.

Siegrist, J. & Peter, R. (2000). "The effort-reward imbalance model". In P. Schnall, K. Belkic, P. Landsbergis & D. Baker (Eds.), *The workplace and cardiovascular disease* (p. 83-87). Philadelphia: Hanley & Belfus, Inc.

Siegrist J. (2002). "Effort-reward imbalance at work and health". *Historical and Current Perspectives on Stress and Health, 2,* 261-291.

Siegrist J., Peter R., Jurge. A., Cremer. P., & Seidel. D. (1990). "Low status control, high efforts at work and is chemic heart disease: prospective evidence form blue-collar men". *Social Science and Medicine, 23,* 1127-1134.

Siegrist, J. (1996). "Adverse health effects of high-effort/ low-reward conditions". *Journal of Occupational Health Psychology,* 27-41.

Siegrist, J., Starke, D., Chandola, T., Godin, I., Marmot, M., Niedhammerd, I., & Petere, R. (2004). "The measurement of effort and reward imbalance at work: European comparisons". *Social Science & Medicine, 58,* 1483-1499.

Siegrist, M. (1998). "Belief in gene technology: The influence of environmental attitudes and gender". *Personality and Individual Differences, 24,* 861-866.

Skovholt, T. M. (2001). *The resilient practitioner.* Boston, MA: Allyn& Bacon.

Stansfeld, S. A., Bosma, H., Hemingway, H., & Marmot, M. G. (1998). "Psychosocial work characteristics and social support as predictors of SF-36 functioning: the Whitehall II study". *Psychosomatic Medicine, 60*(3), 247-255.

Steenkamp, J-B. E M., & Baumgartner, H. (1998). "Assessing measurement invariance in cross-national consumer research".

Journal of Consumer Research 25, 78-90.

Stensfeld, S., Bosma, H., Hemingway, H., & Marmot, M. (1998). "Psychosocial work characteristics and social support as predictors of SF-36 health functioning". *Psychosomatic Medicine, 60,* 247-255.

Stoetzer, U., Ahlberg, G., Bergman, P., Hallsten, L., & Lundberg, I. (2009). "Working conditions predicting interpersonal relationship problems at work". *European Journal of Work and Organizational Psychology, 18*(4), 424-441.

Taris, T. W., Schreurs, P. J. G., & Schaufeli, W. B. (1999). "Construct validity of the Maslach Burnout Inventory-General Survey: A two-sample examination of its factor structure and correlates". *Work and Stress, 13,* 223-237.

Tepper, O., Liu, X., Guo, C., Zhaic, J., Liu, T., & Li, C. (2008). "Depressive symptoms in Chinese children and adolescents: Parent, teacher, and self reports". *Journal of Affective Disorders, 111*(2), 291-298.

Toppinen-Tanner, S., Kalimo, R., & Mutanen, P. (2002). "The process of burnout in white-collar and blue-collar jobs: eight-year prospective study of exhaustion". *Journal of Organizational Behavior, 23*(5), 555-570.

Toutkoushian, R. K., & Curtis, T. (2005). *The effects of socioeconomic factors on public high school outcomes and rankings.* Evidence from New Hampshire.

Totterdell, P., Wood, S., & Wall, T. (2006). "An intra-individual test of the demands-control model: A weekly diary study of psychological strain in portfolio workers". *Journal of Occupational and Organizational Psychology, 79*(1), 63-84.

Tracey, T. J., & Kokotovic, A. M. (1989). "Factor structure of the working alliance inventory". *Psychological Assessment, 1,* 207-210.

Tsutsumi A, Kayaba K, Theorell T, & Siegrist J. (2001). "Association between job stress and depression among Japanese employees threatened by job loss in a comparison between two complementary job-stress models". *Scandinavia Journal of Work Environment Health, 27,* 146-153.

Unger, J. b., Li, Y., Johnson, C. A., Gong, J., Chen, X., Li, C. Y., Trindidad, D. R., Tran, N. T., & Lo, A. T. (2001). "Stressful life events among adolescents in Wuhan, China: Association with smoking, alcohol use, and depressive symptoms". *International Journal of Behavioral Medicine, 8*(1), 1-18.

Van der Doef, A., & Maes, S. (1999). "The job demand-control (support) model and psychological well-being: A review of 20 years of empirical research". *Work and Stress, 13,* 87-114.

Van der Dorf, M., & Maes, S. (1999). "The job demand-control (-support) model and psychological well-being: A review of 20 years of empirical research". *Work and Stress, 13,* 87-114.

Van de Vijver, F., & Hambleton, R. K. (1996). "Translating tests: Some practical guidelines". *European Psychologist, 1,* 89-99.

Van Kuyk-Minis, M. H., & Liu, L. (1998). "Issues related to the translation of measurement scales: A comparison of version of the Arthritis Impact Measurement Scale". *The Occupational Therapy Journal of Research, 18,* 143-156.

Van Vegchel, N., de Jonge, J., Bakker, A. B., & Schaufeli, W. (2002). "Testing global and specific indicators of rewards in the effort-reward imbalance model". *European Journal of Work and Organizational Psychology,* 403-421.

Van Vegchel, N., de Jonge, J., Meijer, T., & Hamers, J. P. H. (2001). "Different effort constructs and effort-reward imbalance: Effect on employee well-being in ancillary health care worker". *Journal of Advanced Nursing, 34,* 128-136.

Vasalampi, K., Nurmi J.-E. & Salmela-Aro, K. (2009). "Adolescents' self concordance, school engagement and burnout predict their educational trajectories". *European Psychologist, 14*(4), 332-341.

Westman, M., & Bakker, A. B. (2008). "Crossover of burnout among health care professionals". In Halbesleben, J. R, B(Ed,), *Handbook of Stress and burnout in health care, Nova Sciences.*

Won, H. T., & Lee, M. K. (1987). "The stress of the high school students". *The Korean Journal of Clinical Psychology,* 6(1), 22-32.

Yang, C. K., Kim, J. K., Patel, S. R., & Lee, J. H. (2005). "Age-related changes in sleep/wake patterns among Korean teenagers". *Pediatrics, 115*(1), 250-257.

Yang, H. (2004). "Factors affecting student burnout and academic achievement in multiple enrollment programs in Taiwan's technical-vocational colleges". *International Journal of Educational Development, 24,* 283-301.

Yang, H. J., & Cheng, K. F. (2005). "An investigation the factors affecting MIS student burnout and academic characteristics affecting burnout". *Chinese Journal of Clinical Psychology, 13,* 383-385.

Yu, K. L., Lee, S. M., Nesbit, E. A. (2008). "Development of a Culturally Valid Counselor Burnout Inventory in Korean Counselors". *Measurement and Evaluation in Counseling and Development, 41,* 153-162.

Yu, K., Lee, S., & Lee, S. M. (2007). "Counselor's collective self-esteem mediates job dissatisfaction and client relationships". *Journal of Employment Counseling, 44,* 163-172.

Zhang, Y., Gan, Y., & Zhang, Y. (2005). "The reliability and validity of MBI-SS and academic characteristics affecting burnout". *Chinese Journal of Clinical Psychology, 13*(4), 383-385.

부 록

1. 학업소진 4요인 모델의 요인분석 결과
2. 인구학적 설문 문항
3. 학업소진 예비 문항
4. 최종 학업소진 문항
5. 학업 요구, 통제감 척도
6. 노력, 보상 척도

부록 1 학업소진 4요인 모델의 요인분석 결과

1-1. 초등학생의 학업소진 4요인 모델의 요인분석 결과

	1	2	3	4
나는 공부가 중요한 세상이 싫어진다.	.922			
나는 공부 없는 세상에서 살고 싶다.	.921			
나는 공부밖에 없는 세상이 싫다.	.747			
나는 공부하기 싫다.	.693			
나는 공부로 인해 짜증스러움을 느낀다.	.566			
나는 공부에 대한 능력과 자질이 없다.		.886		
나는 공부에 대한 능력이 없는 것 같다.		.864		
나는 공부를 아무리 열심히 해도 안 된다.		.796		
나는 공부에 관한 한 항상 이 정도밖에 못하나 하고 생각한다.		.647		
나는 공부한 만큼 성적이 오르지 않아 절망감을 느낀다.		.433		
나는 학교 수업이 끝나고 집에 돌아오면 완전히 지친다.			.767	
나는 공부로 인해 소진되었다고 느낀다.			.717	
나는 공부 때문에 심정적으로 너무 고갈된 느낌이다.			.666	
나는 공부를 하거나 수업에 참여하는 것 때문에 스트레스를 많이 받는다.			.587	
나는 아침에 일어나면 학교에 가서 다시 공부를 해야 하는 것 때문에 힘들다.			.492	
나는 공부에 대한 열정이 식는 것 같다.				.813
나는 내가 하고 있는 공부가 중요한지 의심스럽다.				.748
나는 공부가 미래에 도움이 될지 회의적이다.				.602
나는 학교에 입학한 이후로 공부에 대한 흥미를 덜 느끼게 되었다.				.632
나는 공부를 해봤자 별 볼 일 없다.				.414

1-2. 중학생의 학업소진 4요인 모델의 요인분석 결과

	1	2	3	4
나는 공부가 중요한 세상이 싫어진다.	.919			
나는 공부 없는 세상에서 살고 싶다.	.867			
나는 공부밖에 없는 세상이 싫다.	.805			
나는 공부하기 싫다.	.800			
나는 공부로 인해 짜증스러움을 느낀다.	.675			
나는 공부에 대한 능력과 자질이 없다.		.887		
나는 공부에 대한 능력이 없는 것 같다.		.854		
나는 공부를 아무리 열심히 해도 안 된다.		.751		
나는 공부에 관한 한 항상 이 정도밖에 못하나 하고 생각한다.		.675		
나는 공부한 만큼 성적이 오르지 않아 절망감을 느낀다.		.581		
나는 공부를 하거나 수업에 참여하는 것 때문에 스트레스를 많이 받는다.			.764	
나는 학교 수업이 끝나고 집에 돌아오면 완전히 지친다.			.724	
나는 공부 때문에 심정적으로 너무 고갈된 느낌이다.			.669	
나는 공부로 인해 소진되었다고 느낀다.			.632	
나는 아침에 일어나면 학교에 가서 다시 공부를 해야 하는 것 때문에 힘들다.			.541	
나는 공부가 미래에 도움이 될지 회의적이다.				.767
나는 내가 하고 있는 공부가 중요한지 의심스럽다.				.706
나는 공부를 해봤자 별 볼 일 없다.				.635
나는 학교에 입학한 이후로 공부에 대한 흥미를 덜 느끼게 되었다.				.604
나는 공부에 대한 열정이 식는 것 같다.				.589

1-3. 고등학생의 학업소진 4요인 모델의 요인분석 결과

	1	2	3	4
나는 공부가 중요한 세상이 싫어진다.	.892			
나는 공부 없는 세상에서 살고 싶다.	.889			
나는 공부밖에 없는 세상이 싫다.	.839			
나는 공부하기 싫다.	.689			
나는 공부로 인해 짜증스러움을 느낀다.	.501			
나는 공부를 아무리 열심히 해도 안 된다.		.838		
나는 공부에 대한 능력과 자질이 없다.		.835		
나는 공부에 대한 능력이 없는 것 같다.		.814		
나는 공부한 만큼 성적이 오르지 않아 절망감을 느낀다.		.692		
나는 공부에 관한 한 항상 이 정도밖에 못하나 하고 생각한다.		.630		
나는 공부로 인해 소진되었다고 느낀다.			.831	
나는 공부를 하거나 수업에 참여하는 것 때문에 스트레스를 많이 받는다.			.737	
나는 학교 수업이 끝나고 집에 돌아오면 완전히 지친다.			.688	
나는 공부 때문에 심정적으로 너무 고갈된 느낌이다.			.674	
나는 아침에 일어나면 학교에 가서 다시 공부를 해야 하는 것 때문에 힘들다.			.625	
나는 내가 하고 있는 공부가 중요한지 의심스럽다.				.879
나는 공부가 미래에 도움이 될지 회의적이다.				.860
나는 공부를 해봤자 별 볼 일 없다.				.524
나는 학교에 입학한 이후로 공부에 대한 흥미를 덜 느끼게 되었다.				.424
나는 공부에 대한 열정이 식는 것 같다.				.418

부록 2 인구학적 설문 문항

1. 학교(초/중/고등학교)와 학년은?

   (   )학교 (   )학년

2. 성별은?

   ① 남 ② 여

3. 본인의 성적은?

   ① 1－10등 ② 11－20등 ③ 21－30등 ④ 31등 이하

4. 현재 부모님의 결혼 상태는?

   ① 함께 살고 계심 ② 두 분 중 한 분 사망 ③ 이혼
   ④ 별거 ⑤ 재혼

5. 아버지의 교육 정도는?

   ① 초등학교 졸업 ② 중학교 졸업 ③ 고등학교 졸업
   ④ 대학교 졸업 ⑤ 대학원 이상

6. 어머니의 교육 정도는?

   ① 초등학교 졸업 ② 중학교 졸업 ③ 고등학교 졸업
   ④ 대학교 졸업 ⑤ 대학원 이상

부록 3 학업소진 예비 문항

	문 항	전혀 아니다	거의 아니다	가끔 그렇다	자주 그렇다	언제나 그렇다
1	공부를 해봤자 별 볼 일 없다.					
2	공부 때문인지 어깨가 너무 아프다.					
3	공부만 생각하면 머리가 너무 아프다.					
4	공부를 하다보면 머릿속이 멍한 느낌이다.					
5	책 속의 글자를 바라보고 있으나, 머릿속에 남지는 않는다.					
6	공부하러 학교 가기가 싫다.					
7	공부 때문에 아침이 오는 것이 두렵다.					
8	공부에서 해방될 수 있기 때문에 잘 때가 제일 행복하다.					
9	공부에서 해방되어 계속 잠만 자고 싶다.					
10	공부에 대한 걱정 때문에 숙면을 취할 수가 없다.					
11	공부가 적성에 안 맞는 거 같다.					
12	나는 공부에 대한 능력이 없는 것 같다.					
13	공부를 못하는 나는 친구들 사이에서 인기가 없다.					
14	공부를 못하는 나는 선생님과 안 맞는다.					
15	너무 힘들어 책을 볼 수가 없다.					
16	수학 시간만 되면 우울하다.					
17	공부를 못하는 내가 바보 같다.					
18	세상에 공부 밖에 없는 거 같다.					
19	공부를 안하고 있으면 불안하다.					
20	놀면서도 공부에 대한 걱정으로 마음이 편치 않다.					
21	공부 밖에 없는 세상이 싫다.					
22	해야 할 공부가 너무 많아 정말 하고 싶은 것을 할 수가 없다.					
23	공부는 해도 해도 끝이 없다.					

24	해야 할 공부가 너무 많다.					
25	성공하기 위해서는 공부 밖에 없다.					
26	행복은 성적순인 거 같아 우울하다.					
27	공부가 중요한 세상이 싫어진다.					
28	나는 공부를 아무리 열심히 해도 안 된다.					
29	공부를 하느라 하루 종일 앉아만 있어서인지 허리가 아프다.					
30	공부 때문인지 요즘 눈이 뻑뻑하고 자꾸 눈물이 난다.					
31	시험 안 보고 대학 들어가는 나라로 이민가고 싶다.					
32	시험을 안 봐도 될 것 같은 어른이 빨리 되고 싶다.					
33	시험에서 해방되고 싶다.					
34	공부를 해봤자 별 볼 일 없다.					
35	공부 때문에 아침에 일어나기가 싫다.					
36	공부하기 싫다.					
37	시험에 대한 압박감이 크다.					
38	공부를 하고 있어도 늘 불안하다.					
39	공부를 안 하고 있으면 더 불안하다.					
40	공부에 대한 걱정 때문에 자고 일어나도 개운하지가 않다.					
41	공부 때문에 걱정이 너무 많다.					
42	나는 공부 때문에 정신적으로 지쳐 있다.					
43	학교(학원)에서 공부를 마치고 집으로 돌아갈 때면 녹초가 된다.					
44	아침에 일어나서 오늘도 공부를 해야 한다는 생각을 하면 기운이 빠진다.					
45	공부 때문에 완전히 기진맥진한 상태이다.					
46	나는 내가 공부에 관한 한 속수무책인 것처럼 느껴질 때가 있다.					
47	수업시간에는 자주 우울한 느낌이 든다.					
48	책을 보고 있으면 머릿속이 텅 빈 느낌이다.					
49	공부만 생각하면 늘 생각이 많아지고 머리가 복잡하다.					
50	나는 공부에서 잠시라도 놓여날 수 있는 휴식이 필요하다.					
51	공부로 인한 스트레스가 너무 많아 어떻게 해					

	소해야 할지 모르겠다.					
52	하루 종일 공부를 한다는 것은 정말 힘든 일이다.					
53	공부에서 해방될 수 있는 어른이 되기 전에 내가 먼저 죽을 것 같다.					
54	나는 공부로 인해 짜증스러움을 느낀다.					
55	오늘도 내일도 모레도…계속 공부를 해야 한다는 것이 나에게는 매우 큰 스트레스가 된다.					
56	선생님, 부모님 모두 공부를 못하는 나를 비난하는 것만 같다.					
57	내가 공부를 잘 할 날은 없을 것 같다.					
58	나는 공부에 대한 능력과 자질이 없다.					
59	나는 공부에 관한 한 항상 이 정도밖에 못하나 하고 생각한다.					
60	앞으로 공부를 계속 할 수 있을지 자신이 없다.					
61	공부한 만큼 성적이 오르지 않아 절망감을 느낀다.					
62	공부 때문에 부모님께 죄책감을 자주 느낀다.					
63	나는 지금까지 공부를 통해 이루어 놓은 것이 아무것도 없다.					
64	공부한 만큼 결과가 나오지 않았을 때는 주위 사람들이 나를 비난하는 것만 같다.					
65	공부 때문에 해가 뜨는 것이 두렵다.					
66	공부에 대해 생각하지 않으려 애쓴 적이 있다.					
67	교통사고가 나거나, 천재지변이 생겨 공부를 해야만 하는 학교(학원)에 가지 않았으면 좋겠다.					
68	공부만 하다 보니 주위 사람들(친구들)에게 점점 더 무감각해지는 것 같다.					
69	공부가 잘 되지 않으면 사람들에게 짜증을 내거나 공격적이 된다.					
70	공부가 잘 되지 않으면 가족들에게 짜증을 내거나 화를 낸다.					
71	공부가 잘 되면 사람들이 좋게 느껴진다.					
72	공부가 잘 되면 사람들에게 친절하게 대한다.					
73	공부를 하기만 하면 여기저기 아프다.					
74	공부 생각만 하면 갑자기 잠을 자고 싶어진다.					
75	요즘 집중력이 현저히 떨어졌다.					
76	하루 종일 공부하고 집에 돌아가면 몸이 몹시 피곤하고 지친다.					

저자 소개

이상민(李相旼) 한양대학교 교육학과 졸업
플로리다대학교 졸업(철학박사)
현재 고려대학교 교육학과 교수

아산재단 연구총서 제331집
초 · 중 · 고등학생의 학업소진 진행과정 및 경로분석 값 9,500원

2012년 6월 15일 1판 1쇄

저 자 이 상 민
발 행 인 임 동 규
발 행 처 **집 문 당**
주 소 110-360 서울특별시 종로구 돈화문로 82
등 록 1971. 3. 23. 제406-2003-000039호
영 업 부 (02)743-3192~3 팩스(02)742-4657
전자우편 sale@jipmoon.co.kr
편 집 부 (02)743-3096~7 팩스(02)743-0227
전자우편 edit@jipmoon.co.kr
홈페이지 www.jipmoon.co.kr

ISBN 978-89-303-1565-4
978-89-303-1500-5(세트)

이 도서의 국립중앙도서관 출판시도서목록(CIP)은 e-CIP홈페이지(http://www.nl.go.kr/ecip)와 국가자료공동목록시스템(http://www.nl.go.kr/kolisnet)에서 이용하실 수 있습니다.
(CIP제어번호: CIP2012002345)

아 | 산 | 재 | 단 | 연 | 구 | 총 | 서

1 전환기의 중국경제
김윤환 외 | 단국대 경제학과

2 폴란드 경제의 변천 개혁과 그 전망
김광수 | 숭실대 경제학과

3 재소한인
이광규 외 | 서울대 인류학과

4 소련산림과 임업
홍성천 외 | 경북대 임학과

5 아세안의 정치경제
김국진 외 | 외교안보연구원

6 태국의 사회변동과 경제발전
최석만 외 | 전남대 사회학과

7 중국의 사회경제 통계분석
신한풍 외 | 고려대 통계학과

8 중국의 정치와 경제
박두복 외 | 외교안보연구원

9 동유럽의 개혁과 시장경제의 도입
허만 외 | 부산대 사범대학

10 동유럽의 개혁운동
박영신 | 연세대 사회학과

11 현대 러시아 연구
기연수 외 | 한국외대 노어과

12 전략적 선택과 기업의 국제경쟁력
이장호 | 서강대 경영대학

13 협동사회의 정착과 정부의 역할
이종범 외 | 고려대 행정학과

14 한국 제조기업 생산성의 동적 분석
노부호 외 | 중앙대 경영대학

15 분배의 정의
변형윤 외 | 서울대 경제학과

16 도덕적 행동의 강화
이훈구 외 | 연세대 심리학과

17 관료부패와 통제
김해동 외 | 서울대 행정대학원

18 한국경제의 내실 있는 성장
정창영 외 | 연세대 경제학과

19 한국국민정신운동의 역사와 발전방향
박수명 외 | 부산대 사범대학

20 한국대학생의 가치성향과 상담효과
이영희 외 | 숙명여대 교육학과

21 가출청소년과 학교관리체제
안창규 외 | 부산대 교육학과

22 동북아 정세변화와 한・일관계
한승조 외 | 고려대 정치외교학과

23 언론과 부정부패
정대철 외 | 한양대 신문방송학과

24 한국의 고등학교 교육
이원호 외 | 부산대 교육학과

25 가족과 방송
김학수 외 | 서강대 신문방송학과

26 재정개혁의 전망과 재산세제의 개편 과제
오연천 | 서울대 행정대학원

27 청소년을 위한 전자게임 프로그램의 규제 및 평가체계 개발
박혜원 외 | 울산대 가정관리학과

28 정신장애자 가족의 사회심리적 특성
이근후 외 | 이화여대 의과대학

29 가족의 관계역동성과 문제인식
이광규 외 | 서울대 인류학과

30 현대인과 한국전통음식
승정자 | 숙명여대 식품영양학과

31 기업의 초고속정보통신망활용
안중호 | 서울대 경영학과

32 지역발전을 위한 교육자치제의 개선방안
김남순 | 조선대 사범대학

33 전환기의 공무원 가치관
조경호 | 울산대 행정학과

34 지방자치와 사회복지의 과제
김영모 | 중앙대 사회복지학과

35 WTO체제하의 지방중소기업 지원정책
최명주 외 | 계명대 통상학부

36 현대한국의 시민운동
이효선 | 중앙대 사회학과

37 기업 세계화의 단계 및 정도의 측정
허영도 외 | 울산대 경영학과

38 가족복지를 위한 가족주치의 시범사업의 효과
이혜리 외 | 연세대 가정의학교실

39 한국대학생의 삶의 만족도
김재은 외 | 이화여대 교육심리학과

40 지역경제와 지역산업구조의 개편방향
정기화 외 | 전남대 경제학부

41 중국기업의 소유형태별 경영특성
노철화 외 | 부산대 무역학과

42 남북한의 인성・사상교육
한승조 외 | 고려대 정치외교학과

43 연계적 뇌기능 조언을 위한 의료용 멀티미디어 시스템의 설계
유선국 | 연세대 의용공학교실

44 다민족국가의 민족문제와 한인사회
최협 외 | 전남대 인류학과

45 저소득층지역 청소년 여가문화와 소집단 활성화
박문수 외 | 서강대 사회학과

46 삶의 질의 국제비교와 지역간 비교분석
이재기 외 | 울산대 경제학과

47 21세기 지역주민의 삶의 질
양종회 외 | 성균관대 사회학과

48 삶의 질에 대한 국가간 비교
조명한 외 | 서울대 심리학과

49 외국인 노동자의 노사관계와 사회적 적응
석현호 외 | 성균관대 사회학과

50 한국의 사법제도와 발전 모델
정종섭 | 건국대 법학과

51 고령화사회와 중상층 노인의 사회활동
조성남 외 | 이화여대 사회학과

52 한국의 서비스 시장 개방정책
한홍렬 | 한양대 경제학부

53 한국과 AFTA간의 교역증진 및 경제 협력방안
손일태 외 | 경희대 경제통상학부

54 물류비 절감을 위한 무역업체의 정보화전략
이영수 외 | 경북대 경제통상학부

55 사회주의 체제전환과 사회정책
오정수 외 | 충남대 사회복지학과

56 남북통일 이후 농업생산체계 개편
홍성규 외 | 건국대 농업경제학과

57 국제화와 세계화
하영선 외 | 서울대 외교학과

58 IMF 개혁정책의 평가와 한국경제의 신(新) 패러다임
조동근 | 명지대 경제학과

59 구조개혁과 실업대책
박동운 | 단국대 경제무역학부

60 21세기 신노사관계
심윤종 외 | 성균관대 사회학과

61 학교에서의 집단 따돌림
이춘재 외 | 가톨릭대 심리학과

62 한국노인의 정신건강실태와 건강증진
조맹제 외 | 서울대 의과대학

63 혁명과 개혁 속의 중국 농민
김광억 | 서울대 인류학과

64 중국의 경제환경과 한국기업의 진출 전략
지용희 외 | 서강대 경영학과

65 김대중 대통령의 시스템 사고
김동환 | 중앙대 공공정책학부

66 실업과 가족해체
최일섭 외 | 서울대 사회복지학과

67 합리적 부채비율 조정방안
오상근 | 동아대 경제학과

68 한국 중산층의 생활문화
문숙재 외 | 이화여대 소비자 · 인간발달학과

69 계층간 갈등상태에서 최적소득세
김진욱 | 건국대 경상학부

70 글로벌 경쟁력 제고를 위한 기업전략과 조직구축
이만우 외 | 고려대 경영학과

71 의료보험과 국민연금의 관리효율화를 위한 통합방안
사공진 외 | 한양대 경제학부

72 정부개혁의 과제와 전략
박우서 외 | 연세대 행정학과

73 책임운영기관 제도에 관한 비교분석
김근세 | 가톨릭대 행정학과

74 새로운 패러다임하에서의 한국기업의 바람직한 지배구조
최운열 외 | 서강대 경영학과

75 현대 한국사회의 계층구조
양춘 외 | 고려대 사회학과

76 한국의 산업정책과 산업구조조정
강인수 | 숙명여대 경제학부

77 기업구조조정
김석진 | 경북대 경영학부

78 지식경영을 위한 인적자원 개발 및 관리체계
장영철 | 경희대 경영학부

79 뉴 비즈니스 모델
전성현 | 국민대 정보관리학부

80 중산층의 정체성과 소비문화
함인희 외 | 이화여대 사회학과

81 외국관광객 유치를 위한 마케팅 전략
박상규 | 강원대 경영학과

82 한국인의 세대별 문학의식
이동순 | 영남대 국문과

83 공공부문의 효율성 평가와 측정
김재홍 외 | 울산대 사회과학부

84 한국 청소년의 정치의식과 형성요인
김광웅 외 | 숙명여대 아동복지학과

85 한국 대학생의 정치의식
배한동 | 경북대 윤리교육과

86 산업의 정보화와 산업발전
이기동 | 계명대 통상학부

87 한국 제조업의 고용조정 분석
이종원 외 | 성균관대 경제학부

88 지식자산에 대한 경영전략적 평가모형 개발
배재학 외 | 울산대 컴퓨터 · 정보통신공학부

89 관광사업을 위한 한국적 이미지의 휴식복 개발
채금석 | 숙명여대 의류학과

90 한국 정치제도의 개혁
신정현 | 경희대 사회과학부

91 e비즈니스와 아웃소싱 전략
정승화 외 | 연세대 경영학과

92 집단 따돌림의 진단 및 치료방안
홍준표 | 중앙대 인간생활환경학과

93 16대 총선과 낙선운동
조기숙 | 이화여대 국제대학원

139 생명과학기술의 응용과 기본권보호적 한계
정상기 외 | 한남대 법학과

140 경제발전과 정치환경의 한・일 비교분석
정갑영 외 | 연세대 동서문제연구원

141 한국 공교육의 진단
윤정일 외 | 서울대 교육학과

142 우리나라 지방자치 발전을 위한 자치단체장의 역할
정성호 외 | 경기대 사회과학부

143 의료보험제도의 개혁방안
권순원 | 덕성여대 경제학과

144 중등 도덕교육의 현실과 문제
손동현 외 | 성균관대 철학과

145 사이버공동체 발전론
이명식 | 상명대 경영학과

146 남북경협 확대에 대비한 북한 담보제도의 정비방안
박훤일 | 경희대 법과대학

147 한국 공무원 인사제도 개혁
김판석 | 연세대 행정학과

148 교사화법 교육
임칠성 외 | 전남대 국어교육과

149 세계화의 문화정치학
임혁백 외 | 고려대 정치외교학과

150 효과적인 e-SCM을 위한 의사결정 조정 시스템 모형
이원준 | 성균관대 경영학부

151 환경거버넌스
김종순 외 | 건국대 행정학과

152 자동차산업의 인적자원관리
이덕로 | 서원대 경영학부

153 한국과 영국 간 지식기반산업 비교
이명호 | 한국외대 경영학과

154 한국 벤처기업의 기술네트워킹 및 기술마케팅 전략
장영일 | 인제대 경영학부

155 회사변호사의 윤리
오승종 | 성균관대 법과대학

156 미디어교육론
이정춘 | 중앙대 신문방송학과

157 조선시대 서원과 양반
윤희면 | 전남대 역사교육과

158 환경문제와 철학
박찬국 | 서울대 철학과

159 노인보건복지 이론과 실제
김명 외 | 이화여대 보건교육학과

160 북한의 법체계
권재열 외 | 숭실대 법학과

161 생명공학기술의 안전성 확보에 관한 법적 고찰
이재협 | 경희대 법학부

162 청소년복지학
김성이 외 | 이화여대 사회복지학과

163 변화하는 세계, 변화하는 복지국가
조영훈 | 동의대 사회복지학과

164 의리의 윤리와 한국의 유교문화
김낙진 | 진주교대 도덕교육과

165 미국의 통상정책과 통상법
윤충원 | 전북대 무역학과

166 사회복지 프로그램 평가
김학주 | 경상대 사회복지학과

167 환경주의와 지속가능한 발전
정대연 | 제주대 사회학과

168 무역과 환경
김기흥 외 | 경기대 경제학부

169 산업계 유해폐기물의 위험과 관리
김금수 | 호서대 경상학부

170 백범 김구의 지적 계발과정 탐색
문용린 | 서울대 교육학과

171 태평양전쟁 발발 이후 일제의 인적 지배와 그리스도교계의 대응
윤선자 | 전남대 사학과

172 거버넌스 상황에서 갈등관리를 위한 대체적 분쟁해결제도
서순복 | 광주대 법정학부

173 시장경제의 유형과 민주주의
최배근 | 건국대 경상학부

174 일본고전소설 총론
김현정 | 국립한국전통문화학교

175 국어 교육을 위한 국어 문법론
이관규 | 홍익대 국어교육과

176 율곡의 군주론
전세영 | 부산교대 윤리교육과

177 동북아시아 환경협력
정서용 | 명지대 법학과

178 기후변화협약과 기후정책
신의순 외 | 연세대 경제학과

179 인터넷과 국제 학술정보 네트워크-하이퍼링크 분석
박한우 | 영남대 언론정보학과

180 국내 기업복지의 활성화 방안
최수찬 | 연세대 사회복지대학원

181 세계화와 인간안보
김우상 외 | 연세대 정치외교학과

182 세계문화유산 종묘 이야기
지두환 | 국민대 국사학과

183 한국 평생교육의 사회철학적 과제
곽삼근 | 이화여대 교육학과

184 강점모델
정순둘 | 이화여대 사회복지학과

185 글로벌시대의 계약법
박영복 | 한국외대 법과대학

186 배심제와 시민의 사법참여
안경환 | 서울대 법학과

187 동북아공동체
김재한 | 한림대 정치외교학과

188 정치 참여와 탈물질주의
김욱 | 배재대 정치외교학과

189 퍼지전문가회로망을 이용한 금융기관의 사이버 기업여신결정 지원시스템의 개발
권혁대 | 목원대 경영학과

190 환경정책과 환경법
송인성 | 전남대 지역개발학과

191 포스트모던 시대의 평생교육학
한숭희 | 서울대 교육학과

192 현대 한국인의 세대경험과 문화
박길성 외 | 고려대 사회학과

193 서구의 근로연계복지
김종일 | 건국대 사회복지학과

194 사회복지운동론
현외성 | 경남대 사회복지학과

195 외국의 역모기지 사례
유선종 | 건국대 부동산학과

196 옛이야기와 어린이문학
이지호 | 진주교대 국어교육학과

197 노인사회복지관광의 정책과제와 방안
김창수 | 경기대 관광학부

198 복지서비스의 민간위탁 시스템 분석
김순양 | 영남대 행정학부

199 새로운 빈곤층의 대두와 정부의 정책과제
김진욱 | 건국대 경제학과

200 문화행정론
김정수 | 한양대 행정학과

201 스칸디나비아 노인용 코하우징의 계획과 적용
최정신 외 | 가톨릭대 생활과학부

202 북한의 자연생태계
공우석 | 경희대 지리학과

203 통계로 이해하는 러시아
전홍찬 | 부산대 정치외교학과

204 사회복지법인의 경영과 회계
이동규 | 충남대 회계학과

205 의약분업 정책과정
차흥봉 | 한림대 사회복지학과

206 지역공동체와 평생교육
오혁진 | 동의대 평생교육학부

207 아동보호서비스의 실제
한미현 | 백석대 사회복지학부

208 그린마케팅
박재기 | 충남대 경영학부

209 아동권리와 아동복지
이혜원 | 성공회대 사회복지학과

210 국제 이주와 인도인 디아스포라
김경학 | 전남대 인류학과

211 질병과 의료의 사회학
조병희 | 서울대 보건대학원

212 북한이탈주민의 사회통합을 위한 지역복지실천의 모색
이기영 | 부산대 사회복지학과

213 치매노인케어론
조유향 | 초당대 간호학과

214 노인상담입문
서혜경 외 | 한림대 대학원 사회복지학과

215 '통일 이후 통일과정'으로서의 독일 통일영화
이준서 | 이화여대 독어독문학과

216 중국의 사회보장
오정수 | 충남대 사회복지학과

217 환경자원의 경제적 가치와 환경오염의 사회적 비용
김재홍 | 울산대 사회과학부

218 사회복지프로그램의 경제적 평가방법
박창제 외 | 상주대 사회복지학과

219 자유의지와 결정론
안건훈 | 강원대 철학과

220 심리학자들이 쓴 행복한 결혼의 심리학
채규만 외 | 성신여대 심리학과

221 현대 해석학 강의
양해림 | 충남대 철학과

222 한국인의 주거 빈곤과 공공주택
하성규 | 중앙대 도시 및 지역계획학과

223 IMF 경제위기와 한국 출산력의 변화
김두섭 | 한양대 사회학과

224 동아시아의 영토분쟁과 국제법
이석우 | 인하대 법학부

225 독일 복지국가와 사회복지서비스
정재훈 | 서울여대 사회사업학과

226 사회복지사를 위한 실용 비모수통계
엄명용 | 성균관대 사회복지학과

227 피해자학 연구
이윤호 | 동국대 경찰행정학과

228 광고언어창작론
박영준 외 | 부경대 국어국문학과

229 환경규제 패러다임의 전환
한철 | 한남대 법학과

230 고령사회의 노동환경변화와 고용 시스템의 문제점 및 법적 대응
고준기 | 국립군산대 법학과

231 세계화와 소득불평등
이성균 외 | 울산대 사회과학부

232 유비쿼터스 사회의 이해
안중호 외 | 서울대 경영학과

233 국제환경책임법론
박병도 | 건국대 법학과

234 한국의 선거와 민주주의
윤종빈 | 명지대 정치외교학과

235 한국 시민운동의 구조와 동학
조대엽 외 | 고려대 사회학과

236 또래관계
송영혜 | 대구대 재활심리학과

237 해외 한국기업과 현지인 노동자
석현호 외 | 에스콰이아학술문화재단

238 독일 국가복지에서 민간복지단체의 역할과 의미
차성환 외 | 한일장신대 사회복지학부

239 청정공학
조정호 | 동양대 생명화학공학과

240 한국전통연희론
심상교 | 부산교육대 국어교육학과

241 정신장애와 가족
서미경 | 경상대 사회복지학부

242 빈곤통계의 작성과 활용
김주환 | 동국대 정보통계학과

243 인터넷과 한국정치
강원택 | 숭실대 정치외교학과

244 북한의 시장경제이행
정영화 외 | 서경대 법학과

245 시스템사고로 본 지속가능한 도시
문태훈 | 중앙대 도시및지역계획학과

246 실버산업과 유비쿼터스 컴퓨팅
고일상 | 전남대 경영학부

247 재활상담과 사례관리
나운환 | 대구대 직업재활학과

248 영유아교육기관에서의 장애 이해 교육
유수옥 | 우석대 유아특수교육과

249 장애의 사회적 의미와 사회통합
박수경 | 대진대 사회복지학과

250 경제분석의 수리적 기초
조인성 | 공주대 경제통상학부

251 비영리부문의 비교연구
김승현 | 서울산업대 행정학과

252 고등교육경제학
반상진 | 전북대 교육학과

253 과학윤리교육의 이론과 방법
조희형 | 강원대 과학교육학부

254 결혼이민자가족의 이해
김오남 | 대불대 사회복지학과

255 동아시아 국가의 공공부조
신동면 | 경희대 사회과학부

256 특수아동 진단 및 평가
이나미 | 대불대 특수교육과

257 계약형 사회복지와 권리옹호시스템
이명현 | 경북대 상주캠퍼스 사회복지학과

258 실내공기질 및 위해성 관리
양원호 | 대구가톨릭대 산업보건학과

259 충남 방언 문법
한영목 | 충남대 국어국문학과

260 교육권론
노기호 | 군산대 법학과

261 도시경관계획론
임승빈 | 서울대 조경・지역시스템공학부

262 교통의 새로운 패러다임
김형철 | 경원대 도시계획・조경학부

263 노인의 삶의 질 향상을 위한 주거환경 디자인
천진희 | 상명대 디자인대학 실내디자인전공

264 사회복지와 문화
박병현 | 부산대 사회복지학과

265 장애인복지의 이론과 실제
이선우 | 인제대 사회복지학과

266 창의성 개발을 위한 디자인교육 콘텐츠
김선영 | 인천가톨릭대 조형예술대학 환경디자인학과

267 구성주의 사회복지 실천 기술론
고미영 | 서울신학대 사회복지학과

268 장애아교육학
김기흥 | 부산교육대 유아교육과

269 지역사회복지와 자원부문
한상진 외 | 울산대 사회학과

270 환경관리회계
육근효 | 부산외국어대 회계학부

271 인권 관점에서 보는 장애인복지
유동철 | 동의대 사회복지학과

272 정신증상
송지영 | 경희대 의과대학병원 신경정신과

273 사이버공간의 사회심리학
이성식 외 | 숭실대 정보사회학과

274 노인에 대한 사회적 돌봄과 돌봄 서비스의 질 보장
최희경 | 신라대 가족노인복지학과

275 아동 심리치료의 실제
신현균 | 전남대 심리학과

276 사회복지와 위험관리
노충래 | 이화여대 사회복지전문대학원

277 국제 탄소시장의 이해
양승룡 | 고려대 식품자원경제학과

278 타자의 초상
신문수 | 서울대 영어교육과

279 한국정치와 환경정치
나정원 | 강원대 정치외교학과

280 북한이주민
윤인진 | 고려대 사회학과

281 음주의 사회경제적 비용
정우진 외 | 연세대 보건대학원

282 지방정치와 동북아 도시거버넌스
박재욱 | 신라대 행정학과

283 노숙인 복지론
남기철 | 동덕여대 사회복지학과

284 유럽통합과정과 지역협력
이규영 | 서강대 국제대학원

285 사회복지재정 연구
지은구 | 계명대 사회과학대학 사회복지학과

286 지역사회 교육개혁을 위한 시민사회 조직의 참여
김영화 | 홍익대 교육학과

287 복지사회를 대비한 국민연금의 구조개혁
박영석 외 | 서강대 경영학부

아 | 산 | 재 | 단 | 연 | 구 | 보 | 고 | 서

1 한국인의 도덕성 연구
배해수 | 고려대 국문학과

2 산업화와 청소년 진로
이원호 | 울산대 교육학과

3 공동체의식과 시민운동
김영섭 | 한양대 행정학과

4 한국청년의 삶의 의미 충족도와 만족적 태도
안정수 | 경희대 철학과

5 중국조선족의 사회발전과 한·중관계의 위상
손장권 | 고려대 사회학과

6 해송림 "솔껍질깍지벌레"의 천적 및 주요 종의 생태
김규진 | 전남대 농생물학과

7 사회정의와 실천윤리
박종대 | 서강대 철학과

8 동구개혁의 영향
김달중 | 연세대 정치외교학과

9 한국청소년의 의식세계
김문조 | 고려대 사회학과

10 고강도 철근 콘크리트 구조의 실용화
정헌수 | 중앙대 건축학과

11 신기술의 연관형태 및 출현예측의 구조모형
권철신 | 성균관대 산업공학과

12 민간기업의 연구개발을 위한 조세정책
권영훈 | 한양대 경제학부

13 기술개발 활성화방안
송승구 | 울산대 화학공학부

14 부패의 현상과 진단
이문조 | 영남대 정치외교학부

15 연구투자의 지역적 편중화와 부산지역의 기초과학연구 활성화방안
윤웅찬 | 부산대 화학과

16 GATT의 신구 덤핑방지협정과 그 대응방안
전창원 | 동국대 무역학과

17 한국사회의 도덕성 제고를 위한 진단과 처방
황경식 | 서울대 철학과

18 새로운 노사관계 방향
이진규 외 | 고려대 경영학과

19 21세기 동북아 정세예측과 한국의 전략적 대응방안
최평길 외 | 연세대 행정학과

20 소련의 한국에 대한 정책목표분석
신승권 | 한양대 정치외교학과

21 메모리 커패시터용 $Pb(Zr_xTi_{1-x})O_3$ 강유전체 박막의 제작과 특성
장지근 외 | 단국대 전자공학과

22 러시아 국제법학의 전통
김용구 | 서울대 외교학과

23 유럽연합의 현황과 전망
김동현 외 | 성균관대 행정학과

24 중국의 정치동원
송영우 외 | 건국대 정치외교학과

25 산업적 활용을 위한 이동로보트 시스템의 개발
박민용 외 | 연세대 전자공학과

26 중국조선족의 정치사회화과정과 동화적 국민통합의 방향
전인영 외 | 이화여대 사회생활학과

27 공적부조의 이론과 실제
최일섭 외 | 서울대 사회복지학과

28 대외통상환경의 변화와 법제개편
서헌제 | 중앙대 법학과

29 기업금융의 국제화
최생림 | 한양대 경영학부

30 자동차부품공업의 노사관계
김호진 외 | 고려대 행정학과

31 산업화 과정에서의 한국가족의 실태와 전망
정창수 외 | 성균관대 사회학과

32 공무원 가치관 실태와 정립방안
배병룡 외 | 경상대 행정학과

33 해외귀국청소년의 국내적응연구
이장영 | 국민대 사회학과

34 초고속정보통신망에서 LAN서비스 제공방안
이재용 | 연세대 전자공학과

35 WTO체제의 정책적 대응
김병진 외 | 경희대 행정학과

36 유럽의 통합정치
최수경 외 | 충남대 정치외교학과

37 유기질폐기물을 이용한 고단백사료원인 조류의 생산공정
최정우 외 | 서강대 화학공학과

38 초고속정보통신망의 수용성과 정책방향
박영상 외 | 한양대 신문방송학과

39 중국의 강남사회와 한중교섭
조영록 외 | 동국대 사학과

40 세계화시대의 사회 · 문화의식
신행철 외 | 제주대 사회학과

41 국내 외국인 노동자의 문제와 대책
성규탁 외 | 연세대 사회복지학과

42 노인인력 활용정책과 프로그램
김정후 외 | 강원대 법과대학

43 한일간 학술교류 현황과 활성화방안
정홍익 외 | 서울대 행정대학원

44 계량모형에 의한 한일 경제관계의 이해
김명직 외 | 한양대 경제학부

45 직장인의 음주행태와 삶의 질
진기남 외 | 연세대 보건행정학과

46 유통정보 시스템의 구조와 설계
정용길 | 충남대 경영학과

47 남북통일 이후 사회통합을 위한 교육의 역할
안기성 외 | 고려대 교육학과

48 대중음악에 심취한 청소년들의 심리적 특성
김인경 외 | 연세대 인간행동연구소

49 멀티미디어 시스템을 활용한 교육환경의 개선방안
김한일 | 제주대 컴퓨터교육학과

50 탈냉전기 한일관계의 쟁점
최상룡 | 고려대 정치외교학과

51 자치시대 새로운 '삶의 질' 지표의 모색
김형기 외 | 경북대 경제통상학부

52 유럽통합의 역내외 협력과 갈등
이호재 외 | 고려대 정치외교학과

53 21세기를 대비한 신노사관계
김재원 | 한양대 경제학부

54 대학의 시간제학생 등록제
안규철 외 | 전남대 교육학과

55 21세기에 대비한 방송통신정책
한진만 외 | 강원대 신문방송학과

56 주민참여를 통한 혐오시설 관리운영방안
박균성 외 | 경희대 법학부

57 여성의 정치적 권리인식과 정치참여
전경옥 외 | 숙명여대 정치외교학과

58 한국인 위장질환과 식생활 · 환경요인 및 *H. pylori* 감염과의 관계
이양자 외 | 연세대 식품영양학과

59 학생과 시민의 자원봉사활동
윤정일 외 | 서울대 교육학과

60 동북아 환경문제와 지역환경협력의 모색
신연재 외 | 울산대 정치외교학과

61 노인 자원봉사활동을 통한 사회통합 프로그램 개발
김동배 | 연세대 사회복지학과

62 물류정보 시스템
김태현 | 연세대 경영학과

63 전자식 문서교환을 이용한 항공화물 운송체계
민재형 | 서강대 경영학과

64 청소년과 성
이근후 | 이화여대 의과대학

65 민족통합과 무궁화호 위성의 남북한 공동활용방안
방정배 | 성균관대 신문방송학과

66 채식주의가 20대 여성의 영양상태와 에스트로겐 대사에 미치는 영향
성미경 | 숙명여대 식품영양학과

67 가상정보공간을 통한 지역개발 활성화 전략
유재천 외 | 한림대 언론정보학부

68 조산아 관리현황 및 정책수립 방안
박상기 외 | 조선대 의과대학

69 남북한관의 의식조사와 통일교육 개선 방안
김동규 외 | 고려대 북한학과

70 동양 전통 자연사상 탐구
장동순 | 충남대 환경공학과

71 초고속정보망의 시뮬레이터 구현
한기준 | 경북대 컴퓨터공학과

72 유통원가 시스템의 유효성
정다미 | 명지대 경영학과

73 국악과 문화관광의 만남
정익준 외 | 동아대 국제관광통상학부

74 기업의 지식경영 활용사례
김창은 | 명지대 산업공학과

75 선진국과 한국의 직업교육 · 훈련제도의 특성과 한계
정주연 | 고려대 경제학과

76 제주지역 성인 여성의 자원봉사활동
이상철 외 | 제주대 사회학과

77 M&A와 문화충돌 관리
박원우 | 서울대 경영학과

78 폐금속광산 인근 주민들의 중금속 오염실태
정종학 외 | 영남대 의학과

79 북한 농촌 · 농업실태와 인력자원개발 시스템을 통한 북한 농민의 구호방안
박성열 | 건국대 교육공학과

80 중소 소매점의 경쟁력과 소매성과
채명수 외 | 한국외대 무역학과